青少年足球培养模式研究

左 晖 著

九 州 出 版 社
JIUZHOUPRESS

图书在版编目（ＣＩＰ）数据

青少年足球培养模式研究 / 左晖著 . -- 北京 ： 九
州出版社， 2024. 5. -- ISBN 978-7-5225-3014-7

Ⅰ . G843.2

中国国家版本馆 CIP 数据核字第 202420979Q 号

青少年足球培养模式研究

作　　者	左　晖　著	
责任编辑	安　安	
出版发行	九州出版社	
地　　址	北京市西城区阜外大街甲 35 号（100037）	
发行电话	（010）68992190/3/5/6	
网　　址	www.jiuzhoupress.com	
印　　刷	北京佳益兴彩印有限公司	
开　　本	787 毫米 ×1092 毫米　16 开	
印　　张	13	
字　　数	218 千字	
版　　次	2024 年 5 月第 1 版	
印　　次	2024 年 5 月第 1 次印刷	
书　　号	ISBN 978-7-5225-3014-7	
定　　价	68.00 元	

前　言

　　足球作为世界上最受欢迎的体育运动之一，不仅仅是一项竞技活动，它更是一种文化现象，深深植根于全球各地的社区和文化之中。青少年时期，被广泛认为是个体生理、心理和社会能力发展的关键时期，也是培养体育天赋和技能的黄金时期。因此，对青少年足球培养模式的研究，不仅对于足球运动的发展至关重要，也对青少年的全面成长和社会的未来发展具有深远的影响。

　　足球对青少年的积极影响不容忽视。它不仅能够促进青少年的身体健康，提高他们的体能和协调能力，而且还能够在心理和社会层面上产生重大影响。通过团队合作，足球训练能够培养青少年的社交技能、团队精神和领导能力，同时也能够增强他们的自信心和自我价值感。在足球的世界中，青少年学会面对挑战、处理失败，并从中吸取教训，这对于他们的个人成长和成熟过程至关重要。

　　随着社会的发展和科技的进步，青少年足球培养模式也在不断地演变和创新。现代科技的应用，如数据分析和生物力学在足球训练中的运用，已经开始改变着青少年足球的训练方法和理念。此外，心理学在青少年足球训练中的应用，也为我们提供了更多的视角，以理解青少年运动员的心理发展和需要。

　　在全球化的背景下，不同文化和社会背景中青少年足球培养模式也展现出了多样性。各国的足球训练系统和方法各不相同，这些差异不仅体现在技术和战术训练上，也体现在对青少年运动员的心理、社会和教育方面的支持上。通过对这些不同模式的比较和分析，我们可以更好地理解足球在全球范围内的普及和发展，以及如何在不同的文化和社会环境中培养成功的青少年足球运动员。

　　然而，青少年足球培养的过程并非没有挑战。从体能训练到技术和战术训练，从心理素质培养到营养和健康管理，每一个环节都需要精心地设计和管控。此外，伤病预防和康复也是青少年足球训练中不可忽视的一部分。这些挑战要求教练员、家长、学校和社会各界都要有更加专业和系统的认识和方法，以确保青少年足球培养的高效性和安全性。

本书的目的，是通过全面而深入的分析，探讨在不同的文化和社会背景下，如何有效地培养青少年足球运动员。我们不仅关注技术和体能训练，更关注心理、社会和教育方面的支持，以及家庭和社会环境对青少年足球培养的影响。通过这种多维度的探讨，我们希望能够为青少年足球培养提供更加全面和科学的视角，为培养下一代足球运动员提供有价值的指导和参考。

目　录

第一章　青少年足球培养理论与实践

在当代社会，足球作为全球最受欢迎的体育项目之一，其深远的影响力无处不在。从草根到职业层面，足球不仅是一种竞技运动，更是一种文化和精神的传递。特别是在青少年中，足球运动不仅可以增强体质，培养团队合作与竞争意识，还能够帮助青少年塑造积极向上的人生观和价值观。因此，青少年足球培养模式的研究和实践，对于足球运动的可持续发展以及青少年的全面发展具有重要意义。

随着全球化的推进和国际交流的加深，不同国家和地区的足球培养模式逐渐走向了世界的舞台，这些模式中蕴含的理念、方法和经验，为全球足球教育与训练提供了宝贵的参考。在这一背景下，本书旨在通过深入分析和比较不同地区青少年足球培养的理论与实践，探寻适合于不同文化和社会环境的青少年足球发展之路。

第一章作为全书的开篇，旨在为读者提供一个全面而深入的理论框架和实践基础。首先，通过回顾青少年足球的发展历程，不仅展示了足球运动如何逐步成为全球青少年中极具影响力的体育活动，而且还阐述了足球在不同历史时期对青少年成长的影响和意义。接下来，通过比较各地区青少年足球培养模式，揭示了不同文化和教育体系下足球培训的多样性和特色，同时也指出了各自的优势与不足。最后，通过分析青少年足球培养的现状及存在的问题，不仅为后续章节提供了研究的方向和焦点，也为足球教练员、教育者、政策制定者以及所有关心青少年足球发展的人士提供了思考和行动的依据。

在探索青少年足球培养模式的过程中，我们将重视理论与实践的结合，注重经验的总结与创新的探索。我们相信，通过不断的研究和实践，能够为青少年足球的发展提供更加科学、高效和人文的培养模式，为培养更多优秀的足球人才，促进足球运动的全面发展做出贡献。

第一节　青少年足球发展历程

一、足球运动的起源与早期发展

足球，作为世界上最受欢迎的体育运动之一，其历史悠久，起源复杂。从古代的球类游戏到现代足球的规范化发展，足球经历了漫长而多变的历史过程。它不仅是一项体育运动，更是全球文化交流和国际友谊的桥梁。

足球的起源可以追溯到数千年前。最早的足球形式可能出现在古代中国，公元前 3 世纪的《战国策》中就有记载，称之为"蹴鞠"。蹴鞠最初可能是一种军事训练活动，后来逐渐演变成为一种娱乐活动，不仅在王宫贵族中流行，也深受平民百姓的喜爱。蹴鞠的规则简单，主要是尽量不让球落地，并通过踢球来展示技巧。尽管这与现代足球有所不同，但蹴鞠无疑为足球的发展奠定了初步的基础。

除了中国，古代的希腊和罗马文化中也有类似足球的游戏。古希腊的"Episkyros"和罗马的"Harpastum"都是团队之间用球进行的竞技游戏。这些游戏通常在一个固定场地上进行，目的是将球传递给队友，避开对手，最终到达对方的目标区域。这些早期的球类游戏在欧洲各地传播，随着时间的推移，不同地区形成了自己独特的玩法和规则。

中世纪的英格兰经历了足球运动早期发展的一个重要阶段。那时的足球游戏非常粗野，几乎没有固定规则，村庄之间的比赛经常演变成大规模的混战，参与者众多，有时甚至会导致严重的伤害甚至死亡。这种形式的足球被当时的社会精英所不齿，甚至多次被英格兰的君主禁止。然而，尽管遭到禁止，足球在民间的流行程度并未减弱，反而随着时间的推移越来越受到欢迎。

19 世纪，随着工业革命的发展和城市化进程的加快，足球开始进入现代化的发展阶段。公共学校成为现代足球规则制定的重要场所。不同学校之间存在的游戏差异促使人们开始思考如何统一足球规则，以便于不同团体之间的比赛。这一需求促成了 1863 年英格兰足球协会（The Football Association）的成立，标志着现代足球规则的诞生。英格兰足球协会制定的规则禁止使用手抓球和暴力犯规，为足球运动的规范化发展奠定了基础。

随后，足球运动迅速传播到欧洲其他国家以及世界各地，各个国家和地区的足球协会相继成立。1904 年，国际足球联合会（FIFA）的成立进一步推动了足球的国际化发展，促进了国际比赛的举办，包括后来的世界杯足球赛。足球运动的普及和发展不仅促进了体育竞技的进步，也成了国际交流和文化融合的重要平台。

总之，足球运动的起源和早期发展是一个跨越千年，涉及多个文化和社会的过程。从古代的蹴鞠到中世纪英格兰的村庄比赛，再到 19 世纪现代足球规则的制定，足球经历了漫长的发展历程，最终成为今天全球最受欢迎的体育运动之一。这一过程不仅反映了人类社会的变迁，也展现了体育运动如何跨越文化和国界，成为全人类共同的文化遗产。

二、现代足球的诞生

现代足球的诞生和发展是一个跨越世纪的历程，它不仅仅是一项体育运动的演化，更是文化、社会和技术进步共同作用的结果。从 19 世纪中叶的英国，到如今遍布全球的每一个角落，现代足球的形成经历了规则的统一、职业化的发展、技术和战术的创新，以及国际化竞赛体系的建立。

足球运动的早期形式可以追溯到古代，不同文化在不同时间点都有着类似足球的游戏。然而，现代足球的真正起点是在 19 世纪的英国，那时的足球还是一种混合了橄榄球元素的运动，没有统一的规则，每所学校都有自己的比赛规则。直到 1848 年，剑桥大学率先尝试制定了一套被广泛接受的规则，这被看作是现代足球规则的雏形。1863 年，英国伦敦成立了世界上第一个足球协会——英格兰足球协会，标志着现代足球的正式诞生。同年，足球协会制定了一套统一的规则，明确禁止了使用手抓球等橄榄球的行为，足球运动从此与橄榄球分道扬镳。

随着规则的统一，足球运动开始在英国迅速普及，并逐步传播到欧洲大陆和世界其他地区。19 世纪末至 20 世纪初，随着工业革命和城市化进程的加快，足球作为一种廉价的娱乐形式，成为工人阶级的主要休闲活动之一。足球俱乐部和职业联赛应运而生，职业化的足球运动开始萌芽。这一时期，足球运动的技术和战术也在不断发展，从最初的粗放式比赛，逐渐演变为注重技术和团队合作的现代竞技运动。

20世纪初，随着国际交流的增加，足球运动的国际化进程加速。1904年，国际足联（FIFA）在法国巴黎成立，标志着国际足球组织的诞生。1930年，第一届世界杯足球赛在乌拉圭举办，这是世界足球历史上的一个里程碑，它不仅提升了足球运动的国际影响力，也促进了国际足球竞赛体系的建立和完善。从那时起，足球世界杯成为世界上最受瞩目、最具影响力的体育赛事之一。

现代足球的发展还伴随着科技的进步。从早期的皮革足球到现在的高科技材料足球，从裸露的草地到现代的人造草皮场地，技术的革新极大地改善了比赛的条件和观赏性。此外，电视转播和互联网的普及使得足球运动的国际传播更为迅速，世界各地的球迷可以实时关注到各大联赛和国际比赛，足球文化因此而全球化。

现代足球的诞生和发展，是多种因素综合作用的结果。它不仅是体育领域的一大进步，更是人类文化和社会发展的重要组成部分。足球运动超越了语言、文化和国界的障碍，成为全球共享的热情和梦想，体现了体育运动团结和平的精神。从19世纪的英国到21世纪的全球村，现代足球的故事仍在继续，它的发展历程充分证明了足球作为"世界第一运动"的魅力和价值。

三、青少年足球运动的兴起

青少年足球运动的兴起是一个全球性现象，其背后的动力是多方面的，包括社会文化的发展、教育体制的变革、体育产业的蓬勃发展以及科技的进步等。在这一过程中，足球不仅仅是一项运动，它已经成为一种文化符号，一种社会语言，以及一种青少年成长过程中不可或缺的教育工具。

在过去的几十年里，全球化进程为足球的普及和发展提供了强大的推动力。随着世界各地文化的交流和融合，足球这项运动也逐步渗透到了全球各个角落。国际足球赛事，如世界杯和欧洲杯，更是吸引了亿万观众的目光，极大地促进了足球文化的传播。这些赛事不仅仅是体育竞技的展现，更是国际交流和文化传播的重要平台，激发了无数青少年对足球的热爱和追求。

　　教育体制的变革也为青少年足球运动的兴起提供了土壤。在许多国家和地区，学校体育正逐渐从传统的以成绩为导向的教学模式转变为注重学生身心发展和综合素质提升的模式。足球运动因其团队性强、易于参与、对身心发展有益等特点，成为学校体育教学中的重要内容。通过足球，学生不仅能锻炼身体、提高技能，还能学习团队合作、领导力和社交能力等重要的生活技能。

　　体育产业的发展为青少年足球运动提供了更加广阔的平台和资源。随着体育赞助、传媒广告、职业俱乐部和青训系统的发展，足球运动的商业价值不断增长。这促使更多的资金和资源投入青少年足球培训和比赛中，为青少年提供了更多的学习和展示自我的机会。职业俱乐部的青训营、足球学校和夏令营等成为培养未来足球明星的摇篮，也让越来越多的青少年有机会接触到专业级别的训练和比赛。

　　科技的进步也在青少年足球运动的普及和提升中发挥着重要作用。从视频分析软件到在线训练平台，从运动员健康监测设备到智能足球装备，科技的应用使得足球训练更加科学、高效。此外，互联网和社交媒体的普及让青少年足球爱好者能够随时随地获取最新的足球资讯、观看国际比赛和学习足球技巧，极大地激发了他们对足球的热情。

　　然而，青少年足球运动的兴起并非没有挑战。从体育设施的不均衡分布到专业教练资源的短缺，从运动伤害的预防和治疗到青少年运动员的心理健康问题，这些都是需要关注和解决的问题。此外，如何在竞技体育和教育之间找到平衡，如何保证每个青少年都能在足球运动中找到乐趣和成长，也是摆在教育者和体育工作者面前的重要课题。

　　总之，青少年足球运动的兴起是一个复杂而多维的过程，它既反映了全球化时代文化和体育的交融，也体现了教育和社会对青少年身心健康成长的重视。面对未来，持续投入资源、创新教学方法、加强国际交流合作、关注青少年运动员的全面发展将是推动青少年足球运动持续健康发展的关键。

四、技术与战术的演进

　　在足球这项运动的历史长河中，技术和战术的演进一直是推动其发展的主要动力。从早期的简单踢球活动到现代高度组织化、策略性极强的比赛，足球技术与战术的进步反映了人类对这项运动认知和理解的深化。

在足球的早期，比赛多依赖于球员的个人技术，如控球、传球、射门等基本技能。这一时期的足球比赛更像是一场个人技术的展示，球员通过个人努力在比赛中取得优势。然而，随着足球运动的普及和发展，人们开始意识到，单靠个人技术很难在比赛中取得持续的胜利，这促使了战术思想的产生和发展。

战术在足球中的应用标志着这项运动进入了一个新的发展阶段。早期的战术思想相对简单，主要集中在如何通过团队协作来提高进攻效率和防守稳定性。例如，最基本的"传球和移动"战术就是在这一时期形成的，它要求球员在传球后立即移动到新的位置，以便为队友提供支持，从而打破对方的防守。随着时间的推移，足球战术变得越来越复杂和多样化，包括了定位球战术、反击战术、控球战术等多种形式，每一种战术都需要球员具备高度的技术技能和良好的战术理解能力。

20世纪中叶以来，随着电视转播的普及和全球化进程的加快，足球技术与战术的演进进入了一个新的高速发展期。这一时期，来自不同国家和地区的足球理念开始交流和融合，产生了许多创新的技术和战术。比如，巴西足球的"桑巴足球"以其灵活多变和技术流畅而闻名于世，而意大利足球的"链式防守"则以其严密的组织和强大的防守反击而备受推崇。这些不同的技术和战术风格相互碰撞和融合，极大地丰富了足球的比赛内容和观赏性。

进入21世纪，随着科技的发展和数据分析技术的应用，足球技术与战术的演进又迎来了新的变革。现代足球不仅注重球员的技术技能和战术执行能力，更加强调科学训练、数据分析和心理调控等多方面的综合素质。比如，通过数据分析技术，教练和分析师可以详细了解对手的战术倾向、球员的活动范围和比赛中的关键节点，从而制定出更加精准的战术策略。同时，随着足球理论的不断深化和专业化，足球培养也更加注重球员战术素养和心理素质的培养，以适应现代足球对球员综合能力的高要求。

总之，技术与战术的演进是足球发展史上的一条鲜明线索。从早期的个人技术展示到现代的团队战术协作，再到当下的科技辅助和数据分析，每一次技术与战术的进步都推动了足球运动向前发展。而对于青少年足球培养而言，理解技术与战术演进的历程，不仅有助于提升他们的足球技能和战术理解，更能激发他们对足球深厚的热爱和持续的追求。在未来，随着足球技术与战术的不断演进和创新，我们有理由相信，足球这项古老而又充满活力的运动将继续吸引世界各地的人们，不断书写新的辉煌篇章。

五、国际交流与影响

在当今全球化的背景下，足球作为世界上最受欢迎的体育项目之一，其发展和普及不再局限于某个国家或地区。青少年足球培养模式的研究和实践已经成为跨国界、跨文化的重要议题。国际交流在这一过程中起着至关重要的作用，它不仅促进了不同国家和地区之间的相互学习和借鉴，还加深了对足球教育和培养多样性的理解，从而对青少年足球的培养模式产生了深远的影响。

随着科技的发展和通信手段的进步，国际交流变得前所未有的容易。足球学校、俱乐部、协会乃至国家级的足球管理机构都通过参加国际比赛、举办研讨会、开展联合培训项目等方式，与世界各地的同行进行交流和合作。这些活动不仅为青少年球员提供了展示自己才华的舞台，更为教练员和管理者提供了学习新理念、新方法的机会。

此外，越来越多的足球培养机构开始重视国际认证和合作项目，比如与国际足联（FIFA）和欧洲足球协会联盟（UEFA）等国际足球组织建立合作关系，这不仅提升了自身的国际形象，也为本地教练和青少年球员提供了更多的学习和发展机会。

国际交流极大地丰富了青少年足球培养模式。通过学习其他国家的成功经验，不同的培养体系能够相互借鉴，吸收对方的优点，避免自身的不足。例如，欧洲的青训系统强调技术和战术教育，南美则更注重个人技巧和创造力的培养，而非洲和亚洲国家则在努力结合自身的特点和国际先进的培养模式，寻找适合自己的发展道路。

更重要的是，国际交流提升了青少年球员的国际视野和跨文化交流能力。在与来自不同文化背景的队员交流和比赛中，青少年球员不仅能提高自己的足球技能，还能学会尊重和理解不同的文化，培养成为国际社会的一员所需的重要素质。

随着国际交流的深入，一些国家和地区的青少年足球培养模式开始影响到其他国家。例如，西班牙的足球哲学和培养模式就影响了全球许多国家的青训系统。通过国际比赛和教练员的交流，这些理念和模式被其他国家所学习和模仿，进而影响了这些国家青少年球员的培养方向和方法。

此外，国际足球明星的成功故事也为全球的青少年球员提供了榜样和动力。这些明星往往是从青训系统中脱颖而出，他们的经历证明了不同培养模式的有效性，也激励着全世界的青少年球员努力训练，追逐自己的足球梦想。

尽管国际交流为青少年足球培养模式的发展带来了积极影响，但也存在挑战。文化差异、经济条件、教育资源的不平等等因素都可能影响交流的深度和广度。因此，如何在保持自身特色的同时，吸收国际先进经验，是每个国家和地区都需要面对的问题。

未来，随着科技的进一步发展和全球化程度的加深，国际交流将会更加频繁，对青少年足球培养模式的影响也将更加深远。这要求足球培养机构和相关组织更加开放、灵活，不断创新，同时也需要更加重视培养青少年球员的全球公民意识和跨文化交流能力。

总之，国际交流与影响是青少年足球培养模式发展的重要推动力。通过不断的学习、交流和合作，全球的足球教育者和管理者可以共同促进青少年足球的健康发展，为培养更多优秀的足球人才创造更好的条件。

第二节 各地区青少年足球培养模式比较

一、欧洲青少年足球培养模式

在欧洲，足球是一种文化，一种传统，深深植根于人们的生活中。对于许多欧洲国家而言，足球是国家身份和荣誉的象征。因此，培养下一代足球运动员，尤其是青少年球员，成为各国足球协会、俱乐部以及教育机构共同关注的重点。欧洲青少年足球培养模式的成功，在于它的系统性、科学性以及对个体发展的重视。

欧洲足球强国如西班牙、德国、法国、荷兰等，他们的青少年足球培养系统各有特色，但都致力于从基础做起，注重技术和战术教育的同时，也强调心理、身体和社交能力的培养。在这些国家中，俱乐部青训营和学校足球项目是青少年足球培养的两大主要形式。

俱乐部青训营是欧洲青少年足球培养的核心。世界著名的青训营如巴塞罗那的拉玛西亚、阿贾克斯的迪托特科姆等，它们不仅仅是培养球员的场所，更是足球哲学和文化传承的基地。这些青训营通常接收年龄在 6 到 7 岁的孩子，通过长达十年甚至更长时间的系统培训，逐步将他们塑造成为职业球员。在这一过程中，青训营注重技术基础的培养，如控球、传球、射门等基本技能的训练；同时，也重视战术理解和应用能力的培养，让年轻球员能够理解并执行复杂的战术布局。

除了技术和战术训练之外，俱乐部青训营还非常重视球员的个人发展。这包括心理素质的培养，如如何面对比赛的压力、如何在场上保持冷静和专注；身体能力的提高，通过科学的训练方法强化球员的速度、力量和耐力；以及社交能力的提升，教育球员如何在团队中有效沟通和协作。这种全方位的培养模式，确保了球员不仅在技术上达到顶尖水平，更在心理和身体上都具备成为职业球员的素质。

学校足球项目则是另一种重要的青少年足球培养方式。在欧洲，很多学校都有自己的足球队，并与当地的足球俱乐部有着密切的合作关系。这种合作通常包括共享训练设施、教练资源以及青少年球员的互相转会。学校足球项目不仅为学生提供了参与足球运动的机会，更是发掘潜在足球人才的重要渠道。通过学校足球项目，学生们可以在学习的同时，接受系统的足球训练，参加各级别的足球比赛，逐步提高自己的足球水平。

在学校足球项目中，教育的目的不仅仅是培养未来的职业球员，更重要的是通过足球运动来促进学生的全面发展。这包括提高学生的身体健康、培养团队合作精神、增强自我纪律性以及提升解决问题的能力。通过参与足球运动，学生们不仅能够在体育上获得成就，还能在社交、学业和个人发展等方面受益。

总的来说，欧洲青少年足球培养模式的成功，在于其系统性、科学性和对个体全面发展的重视。无论是俱乐部青训营还是学校足球项目，都致力于为青少年提供一个全面发展的平台，不仅让他们成为技术精湛的足球运动员，更重要的是培养他们成为有责任感、有纪律性、具备良好心理和社交能力的人。这种培养模式不仅对足球运动的发展产生了深远的影响，也为青少年的成长提供了宝贵的经验和教训。

二、南美青少年足球培养模式

南美洲，一个足球情怀深植人心的地区，孕育了无数足球传奇，从贝利到马拉多纳，从罗纳尔多到梅西，每一位都是足球史上的璀璨明星。这些传奇的背后，是南美独特的青少年足球培养模式，它结合了街头足球文化和俱乐部青训体系的精髓，形成了一套独特的人才培养机制。

在南美，足球是文化的一部分，是街头的语言，是人们情感的寄托。在巴西的里约热内卢、阿根廷的布宜诺斯艾利斯，孩子们从很小的时候就开始在街头踢球。这些街头足球场成为他们技能学习和性格塑造的第一课堂。街头足球的环境充满了挑战，场地通常狭小且不规则，这迫使孩子们必须发展出高超的技术和灵活的应变能力。在这里，没有复杂的战术布局，一切都依赖个人技术和即兴创造。这种环境培养了孩子们对足球的热爱，锻炼了他们的技术基础，并且塑造了他们敢于挑战、勇于创新的性格。

与街头足球文化平行发展的，是南美国家完善的俱乐部青训体系。从小学到青年队，再到一线队，南美的足球俱乐部为年轻球员提供了一条清晰的成长路径。这些俱乐部不仅提供专业的训练设施和教练团队，还为年轻球员提供比赛机会，让他们在实战中成长。俱乐部的青训体系注重球员全面能力的培养，不仅包括技术和战术训练，还包括心理、营养和身体素质的培养。在这样的体系下，年轻球员能够在专业的环境中系统地学习足球，逐步成长为职业球员。

南美青少年足球培养模式的特色之一是对个性和创造力的重视。在这里，教练们鼓励球员发挥自己的独特才能，而不是盲目地模仿或遵循固定的模式。这种教育理念使得南美足球充满了个性和创新，每一位球员都有自己独特的风格和技巧。这也是为什么南美足球能够不断地产生世界级的足球明星，他们的球风多变、技艺高超，总能在赛场上带来惊喜。

南美青少年足球培养模式还非常注重竞争机制的建立。从街头赛到学校联赛，再到俱乐部之间的比赛，这样的竞争机制为年轻球员提供了丰富的比赛经验，使他们能够在不同的竞赛中，创造了一个又一个足球奇迹。

在南美，足球是生活的一部分，是人们情感的寄托。街头足球文化是南美青少年足球培养模式的核心。在巴西的里约热内卢、阿根廷的布宜诺斯艾利斯，无数孩子在狭窄的街巷、沙滩和空地上追逐着足球，他们没有昂贵的装备，没有标准的足球场，有的只是对足球无限的热爱。这种自发、自由的足球活动，让孩子们从小就培养了出色的球感、敏捷的身体反应和创造性的比赛策略。在这样的环境下成长的孩子，学会了在有限的空间内控球和突破，锻炼了他们的技术和应变能力。街头足球文化强调的是个人技术和自由表达，这也成为南美球员的标志性特征。

除了街头足球文化，南美国家的俱乐部青训体系也是青少年足球人才培养的重要组成部分。不同于街头足球的随性和自由，俱乐部青训体系提供了更为系统和专业的训练。从小就进入俱乐部系统的孩子，能够接收到系统的足球理论学习、技术训练以及身体素质提升。这些俱乐部通常会从小年龄段开始培养球员，通过各个年龄段的梯队训练，逐步提高孩子们的技术水平和比赛经验。在这一过程中，俱乐部会注重培养球员的团队协作能力、比赛策略理解以及心理素质的锻炼。许多南美的足球俱乐部，如阿根廷的博卡青年、巴西的弗拉门戈，都有着世界闻名的青训体系，培养出了无数顶级球星。

南美青少年足球培养模式的另一个特点是对比赛的重视。从小型的社区联赛到全国范围的青少年比赛，孩子们有着丰富的比赛机会。这些比赛不仅让他们能够将训练中学到的技能应用到实战中，也让他们在比赛的压力下成长，学会如何处理比赛中的各种情况。更重要的是，比赛提供了一个展示自己的舞台，许多球探和俱乐部都会在这些比赛中寻找潜在的足球天才。

南美青少年足球培养模式的成功，不仅仅在于技术的培养，更在于它培养了孩子们对足球的热爱和对梦想的追求。在这里，足球不只是为了胜利，更是为了激情、为了梦想。这种文化背景和精神内核是南美足球不断产生世界级球星的根本原因。

然而，这一模式也面临着挑战。随着足球商业化的加深，青少年足球的纯粹性和趣味性受到了一定的影响。如何在保持足球文化传统的同时，适应现代足球的发展，是南美各国需要思考的问题。

总的来说，南美青少年足球培养模式凭借其独特的街头足球文化和专业的俱乐部青训体系，培养了一代又一代的足球天才。这种模式强调技术培养与个性发展的平衡，注重比赛经验的积累，更重要的是，它培养了孩子们对足球的热爱和对梦想的追求。尽管面临挑战，南美青少年足球培养模式仍然是全球足球界的一笔宝贵财富。

三、亚洲青少年足球培养模式

亚洲足球近年来的快速发展引起了国际足坛的广泛关注。随着足球在亚洲各国越来越受到重视，青少年足球培养模式成为推动这一发展的关键因素。亚洲国家在青少年足球培养上展现出了独特的特色和面临着各种挑战，这些都是在国家政策和私人足球学校的支持下形成的。

亚洲国家在青少年足球培养上的特色主要体现在对足球教育的高度重视和投入。许多亚洲国家政府都将体育，尤其是足球，作为国家发展的重要组成部分。例如，中国的"足球改革计划"和日本的"JFA Vision 2020"都旨在通过提高足球水平来增强国家的国际竞争力。这些国家政策的制定和实施，为青少年足球提供了良好的发展环境，包括建设足球场地、引进高水平教练，以及增加足球比赛的机会等。

除了国家政策的支持，私人足球学校在亚洲青少年足球培养中也扮演着重要角色。这些学校通常提供更为专业化的训练和教育，能够为有潜力的年轻球员提供一个成长和展示自己才能的平台。私人足球学校往往采用更加灵活和创新的培养方法，如引进国际先进的足球教育理念和训练技术，开设个性化训练计划等，这些都为青少年球员的成长提供了有力支持。

然而，亚洲国家在青少年足球培养上也面临着不少挑战。首先是足球文化的不足。在很多亚洲国家，足球仍然不是最受欢迎的体育项目，这限制了足球人才的广泛培养。缺乏足球文化的深厚基础，意味着青少年在家庭和学校中接触足球的机会较少，这无疑增加了足球人才培养的难度。其次是设施和资源的不足。尽管亚洲一些国家在足球设施上的投入日益增加，但与欧洲等足球发达地区相比，仍有较大差距。足球场地的缺乏、训练设施的落后、优秀教练资源的不足等问题，都严重影响了青少年足球培养的质量和效率。

此外，教育体系内足球与学业之间的平衡也是一个挑战。在亚洲许多国家和地区，学业成绩被看作是青少年最重要的发展方向，这使得许多有潜力的年轻球员无法在足球训练和学业之间找到一个合理的平衡点。家长和社会对于体育与教育的重视程度不平衡，进一步加剧了这一问题。

尽管独特的特色和面临着不同的挑战，这些因素深受国家政策和私人足球学校的影响。

亚洲国家在青少年足球培养方面的特色首先体现在国家政策的支持上。多数亚洲国家政府都已经意识到体育，特别是足球在提高国家国际形象、增强民族凝聚力以及促进青少年身心健康发展方面的重要作用。例如，中国发布了《中国足球改革发展总体方案》，明确提出要全面推进校园足球，培养青少年球员；日本的JFA（日本足球协会）则通过J-League以及校园联赛，为青少年提供了丰富的比赛和训练机会。这些政策不仅为青少年提供了更多踢球的机会，也为他们提供了更为专业的训练和比赛环境。

除了政府的支持，私人足球学校在亚洲青少年足球培养中也扮演了重要角色。

这些私人机构往往能够提供更为灵活和多样化的训练计划，满足不同层次青少年球员的需求。例如，印度的青少年足球培养项目很大程度上依赖于私人足球学校和学院，这些机构通过与欧洲俱乐部的合作，引进了先进的训练理念和技术。在韩国，私人足球学校则侧重于提高学员的技术水平和战术理解，许多国家队成员都是从这些学校中走出来的。

亚洲青少年足球培养模式的另一大特色是对技术和战术训练的重视。亚洲球员通常以技术细腻、速度快著称，这与他们从小接受的训练有着密不可分的关系。在日本，青少年训练强调基本技能的打磨和个人能力的提升；而在伊朗，青少年足球培养更加注重战术理解和团队配合。这种对技术和战术双重重视的培养模式，为亚洲足球培养出了一批批有着出色个人能力和良好团队协作精神的球员。

四、北美青少年足球培养模式

在北美，特别是美国，足球作为一项日益受欢迎的体育运动，在青少年中的普及率逐年上升。美国通过校园足球和青少年足球联赛这两个主要渠道，构建了一套独具特色的足球人才培养模式。这一模式不仅促进了足球运动在青少年中的普及，也为美国足球的长期发展培养了大量人才。

美国校园足球系统是培养青少年足球人才的重要基础。从小学到高中，甚至大学，校园足球赛事体系完善，竞赛层次分明。这一系统不仅为学生提供了参与足球运动的机会，还通过校队的选拔和比赛，激发学生的竞技兴趣和团队协作精神。在小学和初中阶段，足球通常作为体育课程的一部分，通过趣味性强的训练和比赛，引导学生认识和爱上足球。到了高中和大学阶段，随着学生技能的提升和对足球的热爱加深，校园足球竞赛变得更加专业和激烈。许多学校都拥有专业的足球教练和训练设施，能够为学生提供科学的训练方法和竞技水平的提升。此外，优秀的校园足球运动员还有机会获得大学奖学金，继续在更高层次的比赛中发展，这对于许多家庭来说是一个重要的激励因素。

与校园足球系统相辅相成的是青少年足球联赛。在美国，除了学校体系外，许多私立足球俱乐部和组织也在积极推广青少年足球运动。这些俱乐部通常提供从入门到高级的训练课程，满足不同年龄段和技能水平青少年的需求。通过参加这些俱乐部，青少年球员能够接受更为专业化的训练，参与更多样化的比赛，与来自不同地区的球队进行交流和竞争。这种跨地区的竞赛经验，对于提升青少年球员的竞技水平和心理素质具有重要作用。此外，这些俱乐部和联赛也成为职业球探发掘新人才的重要渠道。许多现役的美国职业足球运动员都是从这些青少年联赛中脱颖而出的。

美国足球的人才培养模式还特别注重教练员的培训和发展。在美国，成为一名合格的足球教练需要通过专业的认证程序，这包括理论学习、实践操作和持续的专业发展课程。这一制度确保了足球教练具备了科学的训练方法和良好的教育技能，能够更好地指导青少年球员的成长。

在推广足球运动和培养足球人才的过程中，美国还特别注重利用科技手段提升训练效果。许多足球俱乐部和学校都引入了先进的体育科技，如视频分析软件、运动员健康监测系统等，这些工具不仅帮助教练员更精准地分析球员的表现，也为球员提供了个性化的训练方案和健康管理建议。这种科技与训练的结合，极大地提高了训练的效率和效果，为青少年球员的成长提供了有力的支持。

总的来说，美国通过校园足球和青少年足球联赛这两大渠道，结合专业教练的培养和科技手段的应用，构建了一个多层次、全方位的足球人才培养体系。这一体系不仅促进了足球运动在青少年中的普及，也为美国足球的未来发展培养了大量优秀的人才。随着足球运动在美国的持续发展和普及，这一人才培养模式也将继续演化和完善，为美国乃至全球足球界贡献更多的星光璀璨的足球明星。

五、模式比较与启示

在全球范围内，青少年足球培养模式呈现出多样化的特点，不同国家和地区根据其文化、经济、教育体系等因素，形成了各具特色的足球培养体系。通过对这些不同模式的比较与分析，我们不仅能够提炼出成功经验，还能为我国青少年足球的发展提供可能的改进方向。

欧洲足球培养模式，尤其是荷兰、德国和西班牙的模式，被广泛认为是成功的典范。荷兰的足球哲学注重技术和智能的培养，他们的青训体系以"全面足球"为核心，强调球员在场上的多功能性和灵活适应性。德国足球的成功则归功于其系统化、科学化的培训体系和硬件设施的完善。他们重视青少年球员的身体素质培养，同时也注重心理和战术教育。西班牙足球，尤其是巴塞罗那的拉玛西亚青训营，以技术流派著称，强调控球、传递和移动，培养球员的场上视野和创造力。

南美洲的足球培养，以巴西和阿根廷为代表，更多依赖于街头足球和自由式足球的传统。这种培养模式强调球员的个人技巧和创造性，让青少年在比赛中自由发挥，从而激发他们对足球的热爱和个性化技能的发展。这种模式产生了大量技术精湛、风格独特的球员，但也存在着系统性训练不足和战术纪律性较弱的问题。

亚洲的青少年足球培养模式则显示出巨大的多样性，日本和韩国的足球发展较为成功。日本足球注重基础教育和技术训练，通过学校和俱乐部相结合的方式，系统地培养年轻球员。韩国则以其高强度的体能训练和纪律性著称，强调团队精神和牺牲精神。

在对比不同国家和地区的青少年足球培养模式后，我们可以提炼出几点成功经验：首先，技术和个人能力的培养是基础，无论是控球技巧、传球能力还是战术理解，都是青少年足球发展的核心。其次，系统化和科学化的训练体系对于青少年球员的成长至关重要，这包括专业的教练团队、优质的训练设施以及科学的训练方法。再次，足球教育不仅仅是技术和体能的培养，还包括心理素质的提高和社会能力的发展，如团队协作、竞争意识和自我管理能力的培养。最后，文化因素对足球培养模式有着深远的影响，每个国家和地区都应根据自身的文化特点和社会环境，发展出适合自己的足球培养模式。

对于我国青少年足球的发展，以上经验提供了多个可能的改进方向。首先，我们需要构建更为系统化和科学化的青少年足球培养体系，这包括提高教练员的专业水平、改善训练设施和方法，以及建立完善的青少年足球比赛体系。其次，应加大对基础技能训练的投入，注重培养青少年球员的技术基础和比赛智能。此外，还需要强化心理和社会能力的培养，帮助青少年球员建立正确的竞技观念和团队精神。最后，应充分利用我国丰富的文化资源和社会特点，探索符合国情的青少年足球培养模式，促进足球运动的普及和提高。

通过对不同国家和地区青少年足球培养模式的比较与分析，我们不仅能够吸取国际足球发展的宝贵经验，还有利于根据我国的实际情况，制定出更加科学、合理的青少年足球培养策略。这对于提高我国足球水平、培养足球人才具有重要的意义，也有助于我国青少年健康成长的平台的建设，让他们在足球的世界中追逐梦想，展现自我。

第三节　青少年足球培养现状及存在的问题

一、培养目标与理念的差异

在当代足球的世界里，青少年足球培养已经成为一个多元化、全球化的现象，不同的足球学校和俱乐部在培养目标和教育理念上展现出了显著的差异。这些差异不仅反映了各自的文化背景、资源条件和战略定位，而且对青少年球员的发展、技能提升以及职业生涯规划产生了深远的影响。

首先，培养目标的差异源于各个组织对足球教育的终极目的的不同理解。一些足球学校和俱乐部更加注重于球员技能和战术理解的提升，他们的培养目标主要集中在培育具备高水平竞技能力的职业球员。这类组织往往拥有严格的训练制度、高强度的比赛安排和专业的教练团队，旨在为球员提供一个模拟职业足球环境的培训体系。在这样的环境中，球员被期望能够迅速提升自己的技术技能，掌握复杂的战术知识，以适应未来职业生涯的高要求。

然而，另一些学校和俱乐部可能将培养目标放在促进球员全面发展上，他们更加关注球员的人格培养、心理健康和社交能力的提升。这类组织认为，足球不仅是一项体育运动，更是一种生活方式和社会实践，通过足球教育可以培养年轻人的责任感、团队精神和领导能力。因此，他们的训练课程不仅包含技术和战术训练，还会融入心理辅导、社会活动和文化教育等多方面内容，旨在帮助青少年球员成为既有足球天赋又具备良好人文素养的全面发展的人才。

教育理念的差异进一步深化了这种培养目标上的分歧。一些以成就职业球员为目标的学校和俱乐部，其教育理念倾向于高效率、高标准和高强度，强调竞争意识和个人技术的不断完善。这种理念下的训练环境是高度竞争性的，每个球员都被视为潜在的职业球员，每一次训练和比赛都是检验和提升自己的机会。

与此相对，那些注重全面发展的组织，则更加强调教育的包容性和多样性，他们认为足球教育应该为所有参与者提供平等的机会，无论他们未来是否选择成为职业球员。这种理念下的训练更加注重于培养球员的社会交往能力、团队合作精神和道德观念，而不仅仅是足球技能本身。

这些在培养目标和教育理念上的差异，导致了球员在技术、心理和社交能力上的不同发展路径。对于那些在竞技性强的环境中成长的球员，他们可能在技术技能和战术应用上更为出色，但可能需要在心理调适和社交交往上付出更多努力。反之，那些在注重全面发展的环境中成长的球员，则可能在心理韧性、社交能力和团队合作上表现更佳，但在高强度竞技环境中可能需要额外时间来提升自己的技术水平。

综上所述，不同足球学校和俱乐部在培养目标和教育理念上的差异，不仅影响了青少年球员的个人发展，也对足球界的未来趋势和发展方向产生了影响。了解这些差异，对于家长、教练和政策制定者来说都至关重要，它们可以帮助他们为青少年球员选择最合适的培养环境，同时也为足球教育的改进和发展提供了宝贵的参考。

二、教练员与教学资源

在青少年足球培养中，教练员的角色无疑是至关重要的。一个合格的教练不仅仅是传授技术技能的导师，更是心理辅导员、战术布局师以及人生指导者。他们的资质、教学方法以及能够调动的资源直接影响到青少年球员的发展路径，甚至决定了这些年轻球员是否能够达到他们的最大潜能。

教练员的资质不仅包括专业知识和技能，还涵盖了对青少年成长心理的理解、沟通能力以及道德风范。优秀的教练应具备深厚的足球专业知识，能够精准识别并培养青少年球员的独特技能。此外，了解青少年的心理发展特点，能够针对性地提供心理支持和鼓励，帮助他们在遭遇挫折时保持积极态度，是教练员资质的重要组成部分。良好的沟通技巧使教练能够有效地传达技术指导，解决球队内部的冲突，构建团队协作精神。更重要的是，教练员的行为举止、职业道德和生活态度，对青少年球员具有潜移默化的影响，是他们成长过程中的重要榜样。

教学方法的创新和多样性对提高训练效果、激发球员兴趣具有重要作用。传统的训练方法可能无法满足所有青少年球员的需求，因为他们的学习风格、兴趣点以及接受能力各不相同。因此，教练员需要不断探索和实践新的教学策略，如游戏化学习、情景模拟训练、个性化指导等，使训练更加生动有趣，增强球员的参与度和学习效率。此外，科技的应用，如视频分析、性能追踪设备等，可以为教学方法提供有力支撑，使教练员能够更精确地分析球员表现，提供针对性的反馈和指导。

教练员能够调动的资源，包括训练设施、装备、科技工具以及外部专家等，对提升训练质量和效果至关重要。优质的训练设施和装备可以为青少年球员提供安全、专业的训练环境，有助于技术技能的有效提升和身体素质的全面发展。同时，教练员通过建立与体育科研机构、高校等外部资源的合作关系，可以引入最新的足球科学研究成果，更新训练理念和方法。此外，邀请营养学、心理学等领域的专家为球员提供跨学科指导，也是提高球员整体素质、促进全面发展的有效途径。

在全球化和信息化时代背景下，教练员的国际视野和信息获取能力也显得尤为重要。了解国际足球发展趋势、先进的训练理念和技术，能够使教练员及时调整培养策略，保持教学内容的前沿性和实用性。同时，利用互联网和社交媒体等平台，教练员可以与国内外同行交流经验，共享资源，为球员创造更多的学习机会和发展平台。

综上所述，教练员在青少年足球培养中扮演着极其关键的角色。他们的资质、教学方法以及能够调动的资源，直接关系到青少年球员的技术提升、心理成长以及未来发展。因此，提高教练员的专业素养，创新教学方法，充分利用各类资源，对于推动青少年足球事业的发展具有重要意义。在这个过程中，教练员不仅是知识和技能的传递者，更是青少年成长道路上的引导者和伙伴。

三、设施与环境的支持

设施与环境在青少年足球训练中扮演着至关重要的角色。优质的足球场地、训练设施以及其他相关的物理环境不仅能够为青少年提供安全、有效的训练条件，还能激发他们对足球的热情，促进技能的快速提高。在评估设施与环境对青少年足球训练支持程度时，我们必须从多个维度进行深入分析。

足球场地的质量直接影响到训练质量和运动员的安全。一个标准、维护良好的足球场地应具备良好的草坪、足够的照明以及符合标准的尺寸，这些都是确保训练和比赛顺利进行的基础条件。草坪的类型（如天然草或人造草）及其维护状态，照明设施的充足程度，以及场地的平整度，都会直接影响到球员的运动表现和减少受伤风险。此外，足球场的地理位置也非常重要，它需要方便球员和教练的到达，同时最好能够容纳一定数量的观众，以便于举办比赛和其他足球活动，从而提高青少年球员的比赛经验和对足球运动的兴趣。

训练设施的完善程度是评价一个青少年足球训练支持系统好坏的关键因素。这包括了训练场地内外的各类设备，如足球、门将手套、标志物、训练用障碍物、健身器材等。高质量的训练设备不仅可以帮助教练更有效地完成训练计划，还能保证训练过程的多样性和趣味性，从而提高青少年球员的训练积极性和技能水平。除了基本的足球训练设备，先进的技术设施，如视频分析系统、运动追踪设备等，也日益成为现代足球训练中不可或缺的部分。这些技术设施不仅能够提供详细的技术和战术分析，帮助教练和球员更加精确地识别和改进训练中的不足，还能够通过数据反馈促进个性化训练计划的制定。

除了物理设施外，训练环境的整体氛围也极为重要。这包括训练场地的安全性、卫生条件，以及球员更衣室、休息区等辅助空间的配置。一个安全、清洁、有序的环境能够为青少年创造一个良好的训练氛围，有助于保持他们的健康和提高训练效率。此外，一个能够促进团队精神和集体归属感的环境对于青少年球员的心理发展同样重要。例如，团队的标志、荣誉榜，以及球队的历史和文化的展示，都可以增强球员对球队的认同感和归属感，激发他们的团队协作精神和比赛斗志。

从宏观角度来看，青少年足球训练的支持环境还包括社会文化环境、政策支持以及家庭和社区的参与度。社会对足球运动的普遍态度、政府对青少年足球发展的政策和资金支持，以及家长和社区对青少年参与足球训练的鼓励和支持，都是形成一个全面、有效支持青少年足球训练的环境的重要因素。

所以，设施与环境的支持对青少年足球训练的重要性不言而喻。它们不仅为青少年提供了安全、高效的训练条件，而且对提高青少年球员的技能、激发他们对足球的热情以及促进其全面发展都起着至关重要的作用。因此，在评估和建设青少年足球训练设施与环境时，必须全面考虑到这些因素，以确保青少年足球训练能在最佳的条件下进行。

四、参与度与普及问题

在当今社会，足球不仅是一项全球性的体育运动，也是连接不同文化、促进社会融合的重要桥梁。尤其对于青少年而言，足球运动不仅能够培养其体育素养，还能够在很大程度上促进其心理健康、社交能力和团队协作精神的发展。然而，尽管足球运动具有如此多的积极效益，其在青少年中的普及度却受到多方面因素的影响，这些因素包括但不限于设施资源的分配、训练质量、家庭与社会支持等。因此，提升足球运动在青少年中的吸引力，促进其参与度的提高，成为一个亟待解决的问题。

参与度的问题有多方面的社会和经济因素。在一些地区，由于经济条件限制或是体育资源的不均等分配，青少年缺乏足够的机会接触和参与足球运动。此外，教育系统内体育运动的重视程度不够，也是导致青少年参与度不高的一个重要原因。家庭层面，家长对于体育活动的态度和支持程度直接影响孩子对于体育，尤其是足球的兴趣和参与意愿。

要提升足球运动在青少年群体中的吸引力，必须从体制、社会和文化多个层面着手。首先，政府和相关机构需要增加对足球运动的投资，改善体育设施，尤其是在资源匮乏的地区，确保每个孩子都有机会接触到足球运动。此外，学校体育课程的改革也至关重要，应当将足球等集体运动作为常规课程的一部分，通过体育教育培养学生对足球的兴趣和热爱。同时，教师和教练的专业培训也不可或缺，高质量的指导不仅能够提高训练的效果，也能够增强学生的参与感和成就感。

在社会层面，通过媒体和公共活动增加足球运动的曝光度，可以有效提升其在青少年中的吸引力。例如，举办青少年足球比赛、工作坊和夏令营等活动，不仅为孩子们提供了展示自己才能的平台，也让足球文化深入人心。此外，家庭的支持同样不可或缺，父母和家庭成员应当鼓励和支持孩子参与足球运动，创造一个积极的家庭体育文化氛围。

提升足球运动在青少年中的吸引力，还需要一个长期和持续的过程。这不仅需要政府、学校和家庭的共同努力，也需要社会各界的广泛参与。通过持续的关注和投入，不断优化足球运动的参与环境和条件，我们可以期待在不远的将来，足球运动在青少年中的普及度将得到显著提升，足球将成为更多青少年成长道路上不可或缺的一部分。

五、体制内外的挑战

在探讨青少年足球培养的过程中，我们不可避免地会遇到体制内外的种种挑战。这些挑战既包括学校和政府等体制内的支持问题，也包括社会认可和家长支持等体制外的因素。这些挑战相互交织，共同影响着青少年足球培养的质量和效果。

体制内的挑战主要源于教育和体育政策、资源分配，以及足球项目的实施策略。在许多国家和地区，尽管政府对体育特别是青少年体育给予了一定程度的重视，但在实际操作中，足球等体育项目往往因为资源有限、设施缺乏、专业教练短缺等问题而受到制约。学校体育在课程中的比重不足，体育活动经常被视为学业成绩的次要方面，这种现象在考试导向的教育体系中尤为突出。此外，由于缺乏明确的政策指导和有效的监督机制，一些优秀的足球人才在学校体育活动中得不到充分的培养和发展。

体制外的挑战则更为复杂，它们涉及社会文化、家庭环境、媒体传播等多个方面。首先，社会对于足球运动的认可度和支持程度直接影响着青少年参与足球的热情和动力。在一些国家，足球作为一项传统和流行的运动，享有广泛的社会认可和热情支持，这有利于青少年足球人才的发现和培养。然而，在其他地区，足球可能并不是主流体育项目，缺乏足够的社会关注和投入，这无疑增加了青少年足球培养的难度。其次，家长的态度和支持对青少年参与足球的影响至关重要。许多家长可能更倾向于孩子在学业上取得成就，对于体育活动的投入和支持相对有限，这种情况在亚洲一些国家尤为明显。此外，媒体的报道和传播也在一定程度上塑造了公众对足球的认知和态度，负面的报道可能会降低足球运动的社会形象，从而影响青少年的参与度。

面对这些挑战，需要体制内外各方面的共同努力和协作。政府和教育部门需要制定更为明确和支持性的政策，增加对青少年足球培养的投入，包括改善体育设施、增聘专业教练、提高体育课程的比重等。此外，应通过政策引导和媒体宣传，提高社会对足球的认可度，营造有利于青少年足球发展的文化氛围。家长的支持也至关重要，需要通过教育和引导，让家长认识到体育活动对青少年身心发展的重要性，鼓励和支持孩子参与足球运动。同时，媒体应承担起社会责任，积极报道足球及其对青少年成长的积极影响，帮助形成正面的公众观念。

总之，青少年足球培养面临的体制内外挑战是多方面的，需要教育政策的优化、社会文化环境的改善、家庭支持的增强和媒体传播的正向引导。通过这些综合措施，可以有效地提升青少年足球培养的质量，促进足球运动的健康发展，为青少年提供一个更加广阔的舞台，让他们在足球这项伟大的运动中实现自我价值，追求梦想。

第二章 体能训练在青少年足球培养中的应用

在探讨青少年足球培养模式的研究中，体能训练无疑占据了核心的位置。体能训练不仅是对青少年运动员身体素质的塑造和提升，更是为他们在足球领域的长期发展奠定坚实的基础。青少年时期是身体生长发育的关键阶段，这一时期的体能训练需求与成年职业运动员有着本质的不同，需要更为精细和科学的训练方法与内容。

第二章《体能训练在青少年足球培养中的应用》深入分析了体能训练在青少年足球培养过程中的重要性及其实施策略。首先，对青少年期生长发育的特点及其对体能训练的需求进行了细致的探讨。在青少年时期，生理、心理以及生长速度的快速变化，对体能训练提出了特殊的要求，如何根据这一时期的生长发育特点设计体能训练，成为提高训练效果的关键。紧接着，本章节着重介绍了青少年足球培养中体能训练的方法和内容。体能训练不仅要注重力量、速度、耐力、灵活性和协调性的提升，还要考虑到训练的科学性和针对性，以及如何避免训练中可能出现的伤害。通过对比分析不同训练方法的优势和局限性，提供了一系列适合青少年足球运动员的体能训练建议，旨在帮助他们更好地提高身体素质，提高足球技能。最后，讨论了体能训练对青少年足球运动能力的影响。通过科学的体能训练，青少年运动员不仅能够提高其身体素质，还能在比赛中更好地发挥技术和战术，提升整体竞技水平。体能的提高为青少年足球运动员在场上的表现提供了强有力的支撑，使他们能够在高强度的比赛中保持优秀的表现。

综上所述，体能训练在青少年足球培养中扮演着不可替代的角色。通过科学合理的训练方法，不仅可以促进青少年运动员的身体健康和持续发展，还可以有效提升他们的足球技能和竞技水平。因此，对于足球教练员和培训机构来说，掌握和应用正确的体能训练方法，对于青少年足球培养的成功至关重要。

第一节　青少年期生长发育特点与体能训练需求

一、青少年生长发育的生理特征

青少年期是人生中一个关键的生长发育阶段，这一时期伴随着显著的生理和心理变化。生长发育的速度和模式在这一时期达到顶峰，对体能训练的需求和响应也随之改变。理解青少年生长发育的生理特征对于制定合理的训练计划和促进健康成长至关重要。

在青少年期，生长激素及性激素的分泌显著增加，这些激素的变化对身体的生长和发育起着决定性作用。生长激素主要由脑垂体前叶分泌，它不仅促进身体长高，也影响脂肪的分解和蛋白质的合成，从而对青少年的体型和体能有着直接影响。性激素，如睾酮和雌激素，也在青春期急剧增加，它们不仅促进性征的发育，还影响骨骼的生长和肌肉的发展。

骨骼的快速生长是青少年生长发育的另一个显著特点。在这一时期，骨骼长得特别快，尤其是四肢的长骨。这是因为骨骼生长板（生长带）在青少年期间高度活跃，骨骼生长板是位于骨端的软骨区域，是骨骼生长的主要场所。随着年龄的增长，生长板逐渐钙化，骨骼生长减慢直至停止。因此，青少年期是增加骨密度和强度的关键时期，通过适当的体能训练，如重量训练，可以有效提高骨密度，为成年后的骨骼健康打下坚实的基础。

肌肉发展也是青少年生长发育的重要方面。随着年龄的增长，肌肉量逐渐增加，特别是在男性青少年中，睾酮的增加促进了肌肉纤维的生长和增粗，导致肌肉力量和耐力的显著提高。女性青少年虽然肌肉发展的速度较慢，但通过定期的体能训练，同样可以显著提升肌肉力量和整体体能。

在青少年时期，由于生长激素和性激素的影响，体脂肪的分布也会发生变化。通常，女性青少年体脂肪比例会增加，而男性青少年则表现为肌肉质量的增加和体脂肪的减少。这些变化不仅影响了青少年的外观，也对他们的体能表现产生影响。因此，体能训练计划需要考虑到性别差异，为男女青少年提供合适的训练强度和方式。

除了生理变化，青少年期还伴随着快速的心肺功能发展。心脏的大小和血液循环效率的提高，以及肺部容量的增加，都使得青少年的耐力和运动能力得到了显著提升。因此，青少年期是培养和提高心肺耐力的理想时期，通过有氧运动、间歇训练等方式，可以有效提升青少年的心肺功能。

总的来说，青少年期的生长发育特征为体能训练提出了独特的需求和机遇。了解这些生理变化对于设计和实施有效的训练计划至关重要。通过科学的训练方法，可以最大限度地促进青少年的生长发育，同时避免运动伤害，为青少年的健康成长提供支持。在这一过程中，重要的是要注意训练的强度、频率和类型，确保训练计划既能满足青少年生长发育的需要，又能考虑到他们的个体差异。

二、心理发展对体能训练的影响

在青少年期间，生长发育和心理发展的特点对体能训练的需求和效果有着深远的影响。这一时期的青少年正处在身体快速成长和心理迅速变化的关键阶段，这些变化不仅影响他们的体能训练接受度和参与度，还决定了训练的方式和方法应该如何调整以适应他们的特定需求。

首先，青少年期的生长发育特点是显著的。这一时期，他们的身高和体重会快速增加，肌肉和骨骼结构发生变化，这对体能训练提出了特定的需求。例如，由于骨骼的快速生长，青少年的骨骼和肌肉之间可能会出现不协调，这可能导致他们在进行某些体能训练时更容易受伤。因此，体能训练需要特别注意增强肌肉力量和灵活性，以预防受伤的风险。同时，由于这一时期心肺功能也在不断提高，适当的有氧运动可以促进心肺功能的发展，提高青少年的耐力和整体体能。

然而，青少年期的心理发展对体能训练的影响同样不容忽视。这一时期的青少年正经历着自我意识的觉醒，他们开始更加关注自己的身体形象和同伴之间的比较。这种心理变化可能会影响他们对体能训练的态度和参与度。一方面，对于那些对自己的身体形象感到自信的青少年来说，体能训练可能会被视为一种提高自我形象和社交地位的手段，从而增加他们的参与度。另一方面，对于那些对自己的身体形象不满意或缺乏自信的青少年，体能训练可能会成为一种压力源，导致他们对参与体育活动产生抵触情绪。

此外，青少年期的心理发展还包括对独立性和自主性的追求。这意味着在体能训练中，给予青少年一定程度的自主权，允许他们在一定范围内选择训练的类型和强度，可能会提高他们的训练兴趣和参与度。同时，这一时期的青少年也在寻求认同感和归属感，因此团队体育或小组训练不仅可以满足他们的这一心理需求，还可以通过团队合作和竞争激励他们更加积极地参与训练。

在考虑青少年心理发展对体能训练的影响时，还需注意个体差异。青少年期是一个多变的时期，每个人的生理和心理发展速度都有所不同。这就要求教练和教育者在设计和实施体能训练计划时，不仅要考虑到青少年作为一个群体的共性需求，还要关注到每个个体的特殊需求。这可能意味着对训练内容、强度和方法进行个性化调整，以确保每个青少年都能在体能训练中获得成功的体验，从而促进他们的长期参与和体能发展。

总之，青少年期的生长发育和心理发展对体能训练提出了特殊的需求和挑战。通过理解和应对这些需求和挑战，可以设计出更加有效、安全和有吸引力的体能训练计划，不仅促进青少年的身体健康，还有助于他们的心理成熟和社会适应。这要求教练和教育者不断学习和更新知识，以科学的态度和方法，关注青少年的整体发展，为他们的成长提供全面的支持。

三、体能训练需求的年龄分段特征

体能训练是青少年足球培养中不可或缺的一环，不同年龄段的青少年由于生理和心理的发展特点，对体能训练的需求存在明显的差异。这些差异主要体现在力量、耐力、速度和灵活性等方面。了解和掌握这些差异，对于制定科学合理的体能训练计划，促进青少年足球运动员的全面发展至关重要。

在青少年的成长过程中，体能的发展呈现出阶段性特征。从儿童时期到青春期，再到成年，每个阶段的生理和心理条件对体能训练的需求和反应都有所不同。具体来说，青少年可以大致分为以下几个年龄段：儿童期（6—10岁）、少年期（11—14岁）、青春早期（15—17岁）和青春后期（18—21岁）。

（一）儿童期（6—10岁）

在这个阶段，孩子们的身体正在快速成长，但骨骼、肌肉和协调能力尚未完全发展。因此，体能训练应以增加基本运动技能为主，如奔跑、跳跃、抛掷等，这些活动有助于提高他们的协调性和灵活性。此外，儿童期的训练应该注重趣味性，以游戏的形式进行，避免过度的竞争和压力，以免影响孩子们对体育活动的兴趣。在这个年龄段，耐力训练可以通过各种游戏和轻松的跑步来实现，而力量训练则应避免使用重负荷，可以通过自身重量的练习（如俯卧撑、仰卧起坐）来进行。

（二）少年期（11—14岁）

进入少年期，孩子们开始经历青春期的早期变化，身体发育加速，肌肉质量增加，但骨骼的生长速度超过肌肉力量的增长，可能会出现协调性问题。在这一阶段，体能训练应更加注重技术和战术的结合，逐渐引入更系统的力量和耐力训练，同时继续强调灵活性和速度的训练。力量训练可以通过使用轻至中等负荷的器械进行，同时注重正确的技术和安全措施。耐力训练的强度和时间也应适当增加，以促进心肺功能的发展。此外，这个阶段也是培养运动习惯和纪律的关键时期，需要通过科学的训练方法和合理的训练计划来指导。

（三）青春早期（15—17岁）

青春早期的青少年经历了身体和生理上的显著变化，这是力量和耐力快速增长的时期，也是体能训练强度和专业性可以大幅提升的阶段。在这一时期，训练计划应更加个性化，根据运动员的具体需求和潜力进行定制。力量训练可以采用更高强度和更多样化的方法，包括自由重量训练和复合运动，以增加肌肉力量和爆发力。耐力训练应注重持久力和速度耐力的提高，通过间歇训练和长距离跑来实现。同时，速度和灵活性训练依然非常重要，应通过专门的练习和技巧提升来维持和增强这些能力。

（四）青春后期（18—21岁）

在青春后期，青少年已接近成年人的生理发展水平，这时体能训练可以达到最高水平的专业性和强度。力量、耐力、速度和灵活性训练都应根据运动员的专项需求进行深化和优化。力量训练需关注最大力量的提升和肌肉耐力的增强，可以通过周期化训练计划实现个性化目标。耐力训练更加注重特定体能条件的提升，如在不同强度下的持久性能力。速度训练则侧重于短距离冲刺和反应速度的提高，而灵活性训练则需要继续保持并优化，以预防伤害和提高运动表现。

总之，针对不同年龄段青少年的体能训练需求进行科学合理的分析和规划，是提高青少年足球运动员整体表现的关键。训练计划应考虑到每个阶段的生理和心理特点，采取适宜的训练方式和强度，以促进青少年足球运动员的健康成长和运动潜能的最大化。

四、性别差异对体能训练需求的影响

在探讨体能训练及其对青少年的影响时，性别差异是一个不可忽视的因素。男女青少年在生理和心理发展上存在显著差异，这些差异不仅影响他们的体能训练需求，还决定了训练方法的选择和调整。为了达到最佳训练效果，了解和尊重这些性别差异至关重要。

从生理角度来看，男女在骨骼发育、肌肉质量、心肺功能等方面的差异，对体能训练的需求产生了直接影响。男性通常在青春期经历较快的骨骼生长和肌肉发展，这意味着他们的力量和耐力训练可以更早开始，而且强度可以逐渐增加。相比之下，女性的骨骼成熟早于男性，但她们的肌肉增长速度相对较慢，因此女性的体能训练需要更注重柔韧性和协调性的提高。此外，女性运动员需要特别注意骨质疏松的预防，这意味着她们的训练计划中应包含一定量的重量训练。

生理发展的性别差异还体现在体脂比例和分布上。女性身体的脂肪比例通常高于男性，且脂肪主要分布在臀部和大腿。这种差异对于耐力运动，如长跑，有一定的影响，意味着女性运动员在训练时可能需要更加注重脂肪的燃烧和能量的有效利用。而男性由于肌肉量较大，他们的训练侧重点可能更多在于提高肌肉力量和速度。

心理发展的性别差异也对体能训练有着重要影响。研究表明，男性青少年往往更具有竞争性和冒险精神，这可能使他们在训练中更愿意承担风险和挑战自我极限。相反，女性青少年在心理上可能更注重团队合作和社交互动，这意味着团队运动和集体训练对她们来说可能更有吸引力。此外，女性青少年在面对失败和挫折时可能更敏感，因此在训练中需要更多的鼓励和支持来建立自信。

在体能训练的方法上，性别差异要求教练和训练师采取个性化和差异化的训练计划。对男性青少年而言，可以设计以增强力量、速度和爆发力为主的训练项目，同时不忘加入适量的柔韧性和耐力训练以保持身体平衡。对女性青少年而言，训练计划应更多考虑到提高柔韧性、平衡性和核心力量，同时通过适当的力量训练来增强骨骼密度和肌肉质量，预防伤害。

除了训练内容的差异化外，训练环境和心理支持也是考虑性别差异的重要方面。创造一个积极、包容的训练环境，对于激发青少年的训练热情和保持长期参与至关重要。教练和训练师应该了解男女青少年在心理和情感上的不同需求，通过定期的反馈、鼓励和心理辅导，帮助他们克服训练中的困难和挑战，促进自我价值感的提升。

通过对这些差异的理解和尊重，可以设计出更为科学、合理的训练计划，不仅提高训练效果，还能促进青少年的全面发展和健康成长。这要求教练员、训练师以及体育教育工作者具备深厚的专业知识和高度的敏感性，以确保每位青少年都能在体能训练中实现其潜能的最大化。

五、营养与恢复在体能训练中的作用

在体育训练，特别是对于处于生长发育阶段的青少年来说，营养和恢复不仅是训练计划的重要组成部分，而且对于运动员的健康、表现和长期发展至关重要。营养补给和有效的恢复策略能够支持青少年的生长发育，提高体能训练效果，同时预防运动伤害，促进身体机能的快速恢复。

对青少年运动员而言，适宜的营养补给意味着提供足够的能量和营养素，以满足其高强度训练的需求及支持正常的生长发育。在体能训练中，运动员消耗的能量极其庞大，因此需要通过饮食摄取足够的热量来补充。碳水化合物作为主要的能量来源，在训练前、中、后的摄入尤为重要，它不仅能提供即时的能量，还能帮助恢复训练期间耗尽的肌糖原储存。蛋白质的摄入对于肌肉的修复和生长同样重要，特别是在力量和耐力训练后，适量的蛋白质可以促进受损肌肉的恢复，加速新肌肉的生成。此外，脂肪也是重要的能量来源，尤其是对于长时间、低至中等强度的耐力训练，健康的脂肪来源，如鱼油、坚果和橄榄油，能够提供必需的脂肪酸，支持青少年的健康发展。

除了宏观营养素外，微量营养素——如维生素和矿物质——对于青少年运动员的健康和表现同样重要。维生素 C 和维生素 E 具有抗氧化作用，可以帮助减少训练引起的氧化压力，而钙、铁、锌等矿物质对于骨骼健康、氧气运输和免疫功能都至关重要。因此，确保饮食多样化，富含新鲜的水果、蔬菜、全谷物和优质蛋白质，是支持青少年运动员健康和表现的关键。

在恢复策略方面，有效的恢复不仅能减轻肌肉疲劳，还能减少受伤风险，促进身体机能的快速恢复，为接下来的训练做好准备。恢复的方法包括适当的休息、睡眠、积极地恢复训练（如低强度的有氧运动）、拉伸、使用泡沫轴滚动以及冷热疗法等。充足的睡眠对于青少年运动员的恢复至关重要，它不仅有助于身体的物理恢复，还对情绪状态和认知功能有积极影响。此外，适当的心理恢复也不容忽视，包括压力管理和放松技巧的训练，这些都对维持青少年运动员的心理健康、提高其训练和比赛表现有积极作用。

综上所述，营养和恢复在体能训练中的角色不仅是辅助性的。它们是训练过程中不可或缺的部分，对青少年运动员的生长发育、健康维护、表现提升以及长期运动生涯的持续性都有着深远的影响。通过实施科学的营养补给计划和综合性的恢复策略，可以最大限度地提高训练效果，同时保障运动员的健康和福祉，为其未来的运动生涯奠定坚实的基础。因此，对于教练员、营养师以及运动员本人而言，了解并实践这些原则至关重要。

第二节 青少年足球培养中的体能训练方法和内容

一、基础体能训练的原则与实践

在青少年足球训练中，体能训练是提升球员整体表现的基础。有效的体能训练不仅能够提高青少年球员的运动表现，还能有效预防运动伤害，促进身体健康发展。因此，了解和实施体能训练的原则与实践技巧显得尤为重要。

体能训练的原则主要包括个体化原则、循序渐进原则、全面性原则、周期性原则和特异性原则。每一原则都是为了确保训练的有效性和安全性，同时考虑到青少年球员生理和心理的特点。

个体化原则指的是训练计划和内容需要根据每个球员的年龄、性别、身体状况、技能水平和体能基础来定制。青少年球员处于生长发育阶段，个体间的差异较大，因此，训练计划需充分考虑这些差异。例如，对于体能基础较差的球员，训练强度和难度应适当降低，以避免过度训练和伤害。

循序渐进原则强调训练强度、量和复杂度应该从低到高，逐步增加。这一原则有助于球员的身体逐渐适应训练的要求，同时避免训练过程中的伤害。初始阶段应注重基础体能的建立，如耐力、力量和速度的基本训练，随后逐渐引入更复杂的技能和战术训练。

全面性原则要求体能训练应全面覆盖所有相关的体能素质，包括力量、速度、耐力、灵活性和协调性等。这种全面的训练有助于提高球员的整体运动能力，使其在比赛中能够更好地发挥。例如，力量训练可以提高球员的爆发力和对抗能力，而耐力训练有助于球员在比赛后期仍能保持高水平的表现。

周期性原则是指体能训练应根据比赛和训练的周期来安排。一年中的训练可以分为准备期、竞赛期和恢复期。在准备期，重点是提高球员的基础体能和技术水平；竞赛期则侧重于维持和优化体能状态，确保球员在比赛中的最佳表现；恢复期则是让球员的身体和心理得到充分的休息和恢复。

特异性原则强调训练内容应与球员在比赛中所需的体能素质和技能紧密相

关。这意味着训练项目应模拟比赛中的实际情况，如通过模拟比赛的方式来训练耐力和速度，或者通过具体的力量训练来提高踢球的力度和准确性。

在实践中，有效的体能训练技巧是成功的关键。首先，制定个性化训练计划时，教练应通过测试和观察来评估球员的体能水平，从而为每个球员制定合适的训练计划。其次，在训练过程中，教练应密切监控球员的身体反应和进步，及时调整训练计划以确保最佳训练效果。此外，训练应尽可能地创新和多样化，以保持球员的兴趣和动力。例如，可以通过团队比赛、技能挑战或游戏来增加训练的趣味性。

安全性也是体能训练中不可忽视的方面。教练应确保训练环境的安全，避免训练强度过大导致的伤害。此外，教练还应教授球员正确的训练技巧和动作，以进一步减少受伤的风险。

总之，体能训练是青少年足球训练不可或缺的部分，它要求教练和球员遵循科学的训练原则，并采取有效的实践技巧。通过个性化、循序渐进、全面、周期性和特异性的训练，可以显著提高青少年球员的体能水平，为其足球技能的提升和比赛表现奠定坚实的基础。

二、力量训练的方法与注意事项

力量训练对于青少年运动员来说是提高运动表现、预防受伤以及促进身体健康的关键组成部分。然而，鉴于青少年正处于生长发育的关键时期，他们的力量训练需要精心设计和监督，以确保既有效又安全。正确的方法、适当的训练频率以及采取避免受伤策略是力量训练计划成功的关键。

力量训练不仅是举重或者推举大重量，它包括了一系列旨在提高肌肉力量和耐力的练习。对于青少年来说，正确的方法应该从掌握基本的体重练习开始，比如俯卧撑、仰卧起坐、深蹲和引体向上。这些练习有助于青少年建立基础的肌肉力量和协调能力，同时减少受伤的风险。

在基础力量提升之后，可以逐渐引入轻量级的自由重量和器械训练，重点在于技术的准确性而非重量的大小。训练中应强调正确的姿势和呼吸技巧，确保运动的每个阶段都控制得当。例如，在进行深蹲时，青少年应该学会如何正确地保持脊柱的中立位，同时确保膝盖不超过脚尖。此外，训练计划应包括全身的肌肉群，避免仅专注于单一肌肉群，以促进身体的均衡发展。

青少年的力量训练频率应根据其个体的年龄、发育阶段以及运动背景来确定。初学者可以从每周两到三次的训练开始，每次训练涵盖全身的基本练习。随着技能和力量的提高，训练频率和强度可以适当增加，但要确保足够的恢复时间。恢复是力量增长的关键时期，过度训练不仅会阻碍进步，还可能导致过度使用伤害。

避免受伤是青少年进行力量训练时需要重视的重要方面。首先，进行任何形式的力量训练之前，都应进行彻底的热身，包括轻度的有氧运动和静态伸展，以提高肌肉的温度和灵活性。热身可以减少受伤的风险，并使身体更好地准备接受即将到来的负荷。其次，正确的技术是预防受伤的关键。青少年应在专业教练的指导下学习和实践每一个练习的正确技巧，避免使用错误的形式来完成动作。错误的训练技巧不仅效果差，还会增加受伤的风险。此外，增加力量训练的强度和难度应该是一个缓慢而稳定的过程。正确的方法、适当的训练频率以及避免受伤的策略构成了青少年力量训练的核心。

首先，青少年进行力量训练的正确方法应该基于他们的个体差异，包括年龄、性别、身体成熟程度以及运动经验。训练计划应由专业的教练或体育教师设计，他们会评估每位青少年的个人需求和能力，从而制定出符合其特定条件的训练计划。力量训练的目标应该是提高肌肉力量和耐力，而不是追求肌肉体积的增加，因为后者可能对青少年的身体发展产生不利影响。

正确的力量训练方法强调全身性的训练，而不是仅仅专注于单一肌肉群。全身性训练能够促进肌肉之间的协调，提高身体的整体运动能力。训练应该包括自体重练习（如俯卧撑、仰卧起坐和深蹲）、使用哑铃或杠铃的练习，以及利用阻力带和稳定球的练习。对于初学者来说，开始时应重点放在学习正确的技术上，而不是追求重量的增加。随着技术的掌握和身体适应性的提高，可以逐渐增加重量和难度，但增加的幅度应该小心谨慎。

在训练频率方面，青少年的力量训练应该根据他们的年龄和训练水平进行调整。一般来说，每周 2 到 3 次的训练频率是适宜的，训练日之间应有至少一天的休息时间以促进恢复。训练时长不应过长，每次训练 60 分钟以内为宜，确保训练质量高于数量。过度训练不仅会影响身体恢复，还可能导致受伤风险的增加。

避免受伤是青少年力量训练的一个重要方面。正确的热身和拉伸是预防受伤的关键步骤，热身可以提高肌肉温度和血流量，减少肌肉和韧带的损伤风险；拉伸则有助于提高肌肉的柔韧性和运动范围。此外，使用正确的技术是避免受伤的另一个重要因素。错误的举重技术不仅会降低训练效果，还可能导致急性或慢性的运动损伤。因此，监督下的训练变得极其重要，特别是对于初学者和年轻运动员。

营养和恢复也是力量训练计划中不可忽视的部分。青少年运动员需要足够的营养来支持他们的训练和身体发展，包括充足的蛋白质、碳水化合物、脂肪以及各种维生素和矿物质。良好的饮食习惯可以帮助提高训练效果，加速恢复过程。此外，充分的睡眠和适当的休息对于促进身体恢复、减少受伤风险以及提高整体训练效果同样重要。

总之，青少年力量训练是一个需要综合考虑多种因素的复杂过程。通过采用正确的训练方法、适当的训练频率以及实施有效地避免受伤策略，可以确保青少年运动员在提高运动表现的同时，促进身体健康和安全。在此过程中，专业指导和监督、科学的训练计划、良好的营养支持以及充分的休息和恢复都是不可或缺的要素。

三、耐力训练的策略与效果评估

在青少年足球运动中，耐力训练是至关重要的一环。它不仅可以提高球员在比赛中持久的体能表现，还有助于预防运动损伤和提升整体身体素质。在进行耐力训练时，需要设计合适的执行策略，并且进行科学评估以确保训练效果的最大化。

这些策略应该是有针对性的，考虑到青少年运动员的生理特点和发展阶段。青少年的身体正在快速成长，他们的骨骼和肌肉还在发育，因此在制定训练计划时需要更多地考虑到这些因素。

一种常见的耐力训练策略是间歇训练。这种训练模式将高强度的运动和低强度的恢复阶段结合在一起，以模拟比赛中的真实情况。例如，球员可以进行一段时间的快跑或高强度的技术训练，然后进行较短的休息，再重复进行。这种训练模式可以提高球员的心肺耐力，同时也可以增强他们的肌肉耐力和运动表现。

另一种常见的策略是长时间持续训练。这种训练模式通常包括长时间的跑步或其他持续性运动，旨在提高球员的持久力和耐力。虽然这种训练模式在一定程度上可以有效地提高球员的耐力水平，但需要注意的是，过度的长时间持续训练可能会增加青少年运动员的运动损伤风险，因此在制定训练计划时需要谨慎考虑。

除了训练策略外，科学评估训练效果也是至关重要的。评估训练效果可以帮助教练了解训练计划的有效性，并及时调整训练方案以达到更好的效果。以下是一些常用的评估方法：

（一）生理指标评估

生理指标评估在体育训练和运动员管理中扮演着至关重要的角色。通过对运动员的生理指标进行定期测量和评估，可以更好地了解他们的身体状况、适应能力以及训练效果，从而有针对性地调整训练计划，最大限度地提升他们的竞技水平和身体健康。首先，测量心率是生理指标评估中的重要环节之一。心率是心脏在单位时间内跳动的次数，通常以每分钟的次数表示。在运动过程中，心率可以反映出运动员的心血管系统的工作情况。通过测量运动前、中、后的心率变化，可以评估运动员的心肺功能，以及他们在运动中的耐力和适应能力。例如，如果运动员的心率在一段时间内持续下降，那么可能表明他们的心肺功能有所改善，适应能力增强。血压是另一个重要的生理指标。血压分为收缩压和舒张压，分别表示心脏收缩时和舒张时血液对血管壁的压力。正常血压水平是保持心血管系统健康的重要指标之一。通过定期测量血压，可以监测运动员是否存在高血压或低血压等心血管问题，并及时采取相应的措施。此外，血压还可以反映出运动员在训练和比赛中的身体应激水平，对于调整训练强度和恢复时间具有指导意义。体重是评估运动员身体组成和营养状况的重要指标之一。体重的变化可以反映出运动员的营养摄入、代谢水平以及训练效果。通过定期测量体重，可以及时发现运动员是否存在体重过轻或过重的问题，并采取相应的营养调整和训练计划来维持理想的体重水平。此外，体重的变化还可以帮助评估运动员的肌肉量和脂肪含量，对于制定个性化的训练和营养计划具有重要意义。除了心率、血压和体重外，还有许多其他的生理指标可以用于评估运动员的身体状况和训练效果，如肺活量、血氧饱和度、血乳酸浓度等。这些指标的综合评估可以帮助教练和运动科学家更全面地了解运动员的身体适应状态，为他们提供个性化的训练建议和健康管理方案。

（二）运动表现评估

运动表现评估是一项综合性的评估方法，通过记录球员在比赛或训练中的各项数据来评估他们的运动能力和技术水平的提高情况。这项评估对于体育运动领域具有重要意义，不仅可以帮助教练更好地了解球员的表现，还可以为球员制定个性化的训练计划提供依据。首先，运动表现评估涉及多个方面的数据收集和分析。其中，跑动距离是一个重要的指标之一。通过记录球员在比赛或训练中的跑动距离，可以评估他们的耐力和速度。比如，一名球员在比赛中覆盖的距离越长，说明其耐力越好，而在单位时间内跑动距离更长的球员则可能具备更快的速度。除了跑动距离，速度也是运动表现评估的关键指标之一。通过记录球员在比赛或训练中的最高速度和平均速度，可以评估其爆发力和持续性速度的水平。这项数据对于不同位置的球员来说可能有不同的重要性。例如，对于前锋来说，爆发力和速度是其突破防守的关键，而对于后卫来说，持续性速度可能更为重要，以保持防线的完整性。另外，射门次数和射门命中率也是评估球员技术水平的重要指标之一。射门次数的增加可能意味着球员在比赛或训练中的参与度增加，而射门命中率的提高则反映了球员射门技术的进步。这项数据可以帮助教练更好地了解球员的进攻能力，并针对性地进行训练和指导。除了以上几项指标外，运动表现评估还可以涉及诸如传球准确率、盘带次数、抢断次数等更加细致的数据。通过综合分析这些数据，可以全面地评估球员的整体表现，并为他们制定个性化的训练计划提供依据。例如，对于技术水平较低的球员，可以重点训练其传球和盘带技术；而对于身体素质较差的球员，则可以加强其耐力和爆发力的训练。

（三）功能性测试评估

功能性测试评估在体育训练中扮演着至关重要的角色，它不仅能够客观地评估球员的身体素质和功能性能力的提高情况，还能够为训练计划的制定提供有力支持。在进行功能性测试评估时，通常会包括一系列的测试项目，其中垂直跳高、俯卧撑次数、灵活性测试等是常见的项目之一。首先，垂直跳高是一项常用来评估运动员爆发力和下肢力量的测试项目。通过垂直跳高测试，可以直观地了解到球员在短时间内爆发力的表现以及下肢肌群的力量水平。在进行测试时，教练可以要求球员做几次垂直跳高，然后记录下最高的一次跳跃高度。通过对比不同时间段内的测试结果，可以清晰地观察到球员爆发力和力量水平的提升情况，从而调整训练计划，针对性地进行训练。其次，俯卧撑次数测试则是评估球员上肢力量和耐力的重要指标。在进行俯卧撑测试时，教练会要求球员在规定的时间内完成尽可能多的俯卧撑动作，然后记录下完成的次数。这项测试不仅可以检验球员的上肢力量水平，还能够反映出他们的耐力水平。通过定期进行俯卧撑次数测试，可以及时发现球员上肢力量和耐力的提升情况，从而调整训练计划，更好地提高其竞技水平。此外，灵活性测试也是功能性测试评估中的重要内容之一。灵活性是体育运动中不可或缺的因素，它直接影响着运动员的动作技巧和身体机动性。在进行灵活性测试时，教练通常会采用各种常见的柔韧性测试项目，如坐位体前屈、肩关节灵活性测试等。通过这些测试项目，可以全面地评估球员的身体柔韧性水平，及时发现并改善存在的柔韧性问题，从而提高其运动表现和防止运动伤害的发生。

（四）反馈和问卷调查

反馈和问卷调查在体育训练领域中扮演着至关重要的角色。无论是专业运动员还是业余爱好者，他们的反馈意见和感受都是制定有效训练计划的关键因素。因此，定期向球员及其家长发送问卷调查，以收集他们的反馈和感受，是一项至关重要的实践。问卷调查为教练提供了一个了解球员的渠道。通过收集球员和家长的反馈意见，教练可以了解到他们对训练计划的满意度、训练效果的感受以及可能存在的问题或改进空间。这有助于教练更好地调整和优化训练计划，以确保其能够最大程度地满足球员的需求和期望。问卷调查也可以帮助教练评估训练计划的可行性。通过收集大量的反馈意见，教练可以了解到哪些训练项目或方法对球员产生了积极影响，哪些可能需要调整或改进。这有助于教练更好地设计和安排未来的训练计划，以确保其在提升球员技能的同时，也能够避免过度训练或潜在的伤害风险。问卷调查还可以促进球员和家长之间的沟通和互动。通过定期向他们发送问卷调查，教练表明了对他们反馈意见的重视，并鼓励他们积极参与训练过程。这不仅有助于建立起更加紧密的师生关系，也能够增强球员和家长对训练计划的参与感和归属感。问卷调查还可以帮助球员和家长更好地了解自己的训练进展。通过填写问卷，他们可以对自己的训练成果进行评估和反思，发现自己的优势和不足之处，并为未来的训练目标和计划做出更加明智的选择和调整。

综上所述，青少年足球中的耐力训练需要科学的执行策略和有效的评估方法。通过合理设计训练计划，并定期评估训练效果，可以帮助球员提高体能水平，预防运动损伤，提升整体运动表现。同时，教练和管理者也应该密切关注青少年运动员的身心健康，确保训练计划的安全性和可持续性。

四、速度与灵活性训练技巧

提高青少年足球运动员的速度和灵活性是提升其竞技水平和比赛表现的关键。在现代足球比赛中，速度和灵活性不仅是优势，更是必备的技能。通过合理的训练方法和练习内容，青少年足球运动员可以在这两个方面取得显著的进步。

速度是足球比赛中至关重要的因素之一，它决定了球员在场上的机动性和反应速度。为了提高青少年球员的速度，可以采取以下训练方法：

（一）速度训练技巧

1.爆发力训练

爆发力训练是提高运动员速度和力量的重要方式之一，尤其在需要瞬间爆发力的运动项目中，如短跑、跳跃和举重等。这种训练的核心目标是增强肌肉的爆发性收缩能力，从而在短时间内产生最大的力量输出。通过合理的爆发力训练，运动员可以在起跑、加速以及需要快速反应的动作中获得明显的优势。在进行爆发力训练时，跳跃是一项常见而有效的活动。跳跃训练可以通过各种方式进行，包括垂直跳跃、深蹲跳跃、单腿跳跃等。这些训练能够激活全身的肌肉群，特别是大腿肌肉和核心肌群，从而提高下肢的爆发力和垂直跳跃高度。此外，跳跃训练还有助于增强韧性和协调性，为整体运动表现打下坚实的基础。除了跳跃，冲刺训练也是提高爆发力的重要方式之一。冲刺训练可以模拟起跑和加速的动作，强调短距离内的最大速度输出。这种训练通常包括短距离的全力冲刺、爬坡冲刺以及变速冲刺等。通过反复训练这些动作，可以逐渐提高肌肉对于快速收缩的适应能力，从而在实际比赛中实现更快的起步和加速。爬坡训练也是一种有效的爆发力训练方式。在爬坡训练中，运动员需要克服重力的阻力，强迫肌肉产生更大的力量输出。这种训练不仅可以增强肌肉力量，还可以提高心肺耐力和爆发力。尤其是对于需要应对复杂地形的运动项目，如足球、橄榄球等，爬坡训练可以帮助运动员更好地适应各种环境，并在关键时刻展现出更强的爆发力和速度。

2. 加速度训练

加速度训练在体育运动中扮演着至关重要的角色，特别是在需要快速反应和迅速改变方向的运动项目中。这种训练不仅是为了提高运动员的速度，更重要的是增强其爆发力、敏捷性和灵活性，从而使他们能够更好地适应比赛中的各种情况和对手的变化。加速度训练强调了从静止到最大速度的过程。这意味着球员需要在短时间内迅速将身体从静止状态变为最大速度。这样的训练可以帮助球员提高起跑速度和加速能力，从而在比赛中争取先机，抢占有利位置。加速度训练注重频繁的加速和减速动作。在实际比赛中，运动员很少能够一直保持匀速奔跑，而是需要频繁地进行加速和减速，以适应比赛中的变化情况。通过训练，球员可以提高他们的加速和减速能力，使他们能够更加灵活地应对比赛中的各种局面。加速度训练还包括了各种变向跑和转身动作。在许多体育项目中，如篮球、足球、橄榄球等，球员需要频繁地改变奔跑方向，因此他们的转向速度和灵活性非常重要。通过训练，球员可以加强他们的脚部力量和稳定性，从而在比赛中更加灵活地进行变向和转身动作。加速度训练还可以帮助球员提高他们在争抢球时的反应速度和敏捷性。在许多比赛中，球员需要迅速地抢断球或者争夺篮板，这就需要他们具备快速反应的能力。通过训练，球员可以提高他们的感知能力和反应速度，从而在比赛中更加敏捷地抢占先机。

3. 技术训练

技术训练在提高运动员速度方面发挥着至关重要的作用。除了注重身体素质的培养外，优化奔跑姿势和减少不必要的摆动动作同样是提高速度的重要方面。这些技术性的训练可以使运动员在比赛中更有效地利用自身能量，从而达到更快的速度和更好的竞技状态。首先，优化奔跑姿势是提高速度的关键之一。一个正确的奔跑姿势可以帮助运动员更有效地利用身体的力量，减少不必要的能量浪费。

在技术训练中，教练们通常会着重指导运动员保持良好的身体姿势，包括挺胸、收腹、保持头部和颈部放松但保持平衡、双手自然摆动等。这些细微的调整可以最大限度地降低空气阻力和摩擦力，使奔跑更加高效。其次，减少不必要的摆动动作也是提高速度的重要策略之一。在奔跑过程中，一些不必要的摆动动作可能会浪费大量的能量，降低运动员的速度和效率。通过技术训练，运动员可以学会控制身体的摆动，将力量集中在推进身体向前的动作上，而不是消耗在不必要的左右晃动或上下颠簸中。这种训练不仅可以提高速度，还可以减少受伤的风险，因为减少了不稳定动作对身体的影响。除此之外，技术训练还包括对于节奏和步频的调整。通过适当的节奏和步频，运动员可以更好地掌控自己的速度和节奏，在比赛中更具竞争力。教练会针对每个运动员的个体特点进行调整和指导，帮助他们找到最适合自己的节奏和步频，从而达到最佳的奔跑效果。

4. 持续性训练

在足球比赛中，爆发力和加速度固然至关重要，但持续性同样是不可或缺的要素。持续性训练是一种关键的训练方法，它旨在提高球员在比赛中的持续奔跑能力，以确保他们能够保持高水平的速度和表现。这种训练包括长跑、有氧运动等，它们针对性地锻炼球员的心肺功能、耐力和肌肉耐力，为他们提供在比赛中长时间保持高强度活动的能力。长跑是一种常见的持续性训练方式，它可以有效地提高球员的心肺功能和耐力。通过定期进行长跑训练，球员的心血管系统将得到有效的锻炼，心脏能够更有效地泵血，肺部也能更好地吸收氧气，从而提高身体对长时间运动的适应能力。这种训练不仅是简单的跑步，更包括了不同强度和距离的跑步训练，以模拟比赛中的各种情况和要求。此外，有氧训练也是提高持续性的有效方法之一。有氧运动，如游泳、自行车骑行、操纵跑步机等，能够有效地增强球员的心肺功能和肌肉耐力。这些运动形式不仅能够提高整体的有氧代谢能力，还可以加强肌肉群的耐力，延缓疲劳的发生，使球员在比赛中能够更持久地保持高水平的表现。持续性训练的重要性不仅在于提高球员的身体素质，还在于增强他们的心理素质。长时间的持续性训练不仅能够锻炼球员的意志力和毅力，还可以让他们在比赛中更好地应对压力和疲劳，保持专注和决心，从而提高比赛的持续性和稳定性。

（二）灵活性训练技巧

灵活性是足球运动员在比赛中完成各种动作和技术动作所需的关键能力之一。以下是一些提高灵活性的训练方法：

1. 伸展训练

伸展训练在运动员和普通人的健身计划中都扮演着至关重要的角色。这项训练不仅是为了简单地拉伸肌肉，更是为了增加肌肉和关节的活动范围，从而提高身体的灵活性和运动效率。在伸展训练中，有几种常见的方法，包括静态伸展、动态伸展以及 PNF（本体感神经肌肉促进）伸展。首先，静态伸展是最为人熟知的一种方法。它涉及在一个舒适的位置上保持伸展姿势，让肌肉逐渐放松和延展。这种方法可以帮助提高肌肉的弹性，减少肌肉紧张度，并且有助于减少运动后的肌肉疲劳和酸痛。对于运动员来说，这意味着他们可以在比赛中更快地做出反应，同时减少受伤的风险。其次，动态伸展是一种更为活跃的伸展形式。它涉及通过运动的方式来延展肌肉和关节，而不是保持静止。这种方法可以增加身体的血液循环和温度，从而提高肌肉的灵活性和准备运动的能力。动态伸展通常在热身阶段进行，可以模仿比赛或训练中的运动动作，为身体做好准备，减少受伤的风险，并提高运动表现。最后，PNF 伸展是一种结合了放松和收缩肌肉的技术。它通过交替收紧和放松肌肉来增加肌肉的伸展幅度。这种方法不仅可以增加肌肉的灵活性，还可以提高神经–肌肉连接的效率，从而改善运动员的协调性和力量表现。

2. 平衡训练

平衡训练在运动员的训练计划中扮演着至关重要的角色。它不仅是一种简单的锻炼方式，更是对身体控制能力的深度挑战。在运动中，良好的平衡能力是成功的关键之一，不论是在静态姿势中保持平衡，还是在动态运动中快速调整身体姿势，都需要优秀的平衡能力。单脚站立是一种基础的平衡训练，但其对身体的要求却十分严格。通过将重心集中在一个脚上，身体需要通过小肌肉群的微调来维持平衡。这不仅有助于加强脚踝和膝盖周围的肌肉，还能够提高神经系统对身体位置的感知能力。随着训练的进行，运动员的平衡能力会不断提高，使他们在比赛中更加灵活自如地应对各种挑战。另一种常见的平衡训练方式是利用平衡板进行训练。平衡板可以提供更大程度的挑战，因为它们在稳定性上远不如平地。

站在平衡板上，身体不断地进行微小的调整，以保持平衡。这种训练不仅锻炼了下肢的肌肉，还能够增强核心肌群的稳定性。此外，平衡板训练还可以提高运动员的反应能力和动态平衡能力，这在比赛中尤为关键，尤其是在需要快速变换方向或避开对手时。

3.核心训练

核心训练是健身中至关重要的一部分，因为它直接影响到身体的稳定性、平衡能力以及整体的运动表现。核心肌群是指位于身体中心的一组肌肉，包括腹部、腰部和背部肌肉，它们负责支撑和稳定身体，使我们能够进行各种动作，从日常活动到运动竞技。核心肌群的强化对于提高身体的稳定性至关重要。在日常生活中，我们需要维持身体的平衡，这就需要核心肌群的支撑。比如，走路、跑步、举重等活动都需要一个稳固的核心来支持身体的运动。一个强大的核心可以减少身体在进行这些活动时的摆动和晃动，从而减少受伤的风险，同时提高动作的效率和力量输出。核心训练还可以增强灵活性。虽然核心肌群的主要功能是稳定身体，但它们也参与到身体的灵活性和运动范围中。通过核心训练，可以加强核心肌群的力量和控制力，使身体在各种动作中更加灵活。比如，一个强大的核心可以帮助我们更深地下蹲，更远地伸展，从而提高运动的幅度和效果。核心训练的常规练习包括仰卧起坐、平板支撑、俯卧撑等。这些练习主要针对腹部、腰部和背部肌肉进行训练，从而提高它们的力量和稳定性。仰卧起坐主要锻炼腹肌，平板支撑则可以同时锻炼腹肌、腰部和背部肌肉，俯卧撑则主要锻炼胸肌和腹肌。这些练习可以通过不同的变化和组合来增加挑战性，比如增加重量、减少支撑面积等，从而不断提高核心肌群的力量和稳定性。

4.敏捷性训练

敏捷性训练在运动员的训练计划中扮演着至关重要的角色。它涵盖了各种方法和技术，旨在提高运动员的快速反应能力、灵活性和敏捷度，从而使他们能够在比赛中更好地应对各种情况。敏捷性训练包括脚法训练。脚法训练主要针对运动员的步伐和脚部技术进行，通过各种练习和动作，培养运动员的脚步灵活性和协调性。这种训练有助于改善运动员的加速度和减速度，使他们能够更快地调整姿势或方向。变向训练也是敏捷性训练的重要组成部分。这种训练注重于在短时间内从一个方向快速转变到另一个方向，模拟比赛中需要突然改变方向的情况。通过不断练习变向动作，运动员可以提高他们的转向速度和控制能力，从而更有效地应对对手的移动或场上局势的变化。敏捷度测试也是评估运动员敏捷性水平的重要手段。这些测试通常包括各种运动和反应测试，例如 T 型测试、六角锥测试等。这些测试可以帮助教练了解运动员在不同情况下的反应速度和灵活性，从而有针对性地调整训练计划，强化运动员的弱点并提升整体表现。通过敏捷性训练，运动员不仅可以提高他们的身体机能，还可以增强他们的心理素质。在比赛中，敏捷的反应和灵活的动作不仅可以帮助他们脱颖而出，还可以减少受伤的风险。因此，将敏捷性训练纳入训练计划中，并不断地进行调整和改进，对于提高运动员的整体竞技水平具有重要意义。

综上所述，通过合理的训练方法和练习内容，可以显著提高青少年足球运动员的速度和灵活性。持续性的训练和定期评估可以确保他们在比赛中保持最佳状态，并取得更好的成绩。同时，教练和运动员应根据个人特点和需求制定具体的训练计划，以达到最佳的训练效果。

第三节　体能训练对青少年足球运动能力的影响

一、体能训练对技术技能提升的作用

体能训练在提升青少年足球运动员的技术技能方面扮演着至关重要的角色。技术技能的发展需要良好的身体素质作为基础，而体能训练正是帮助运动员建立并提升这种身体素质的关键途径之一。

体能训练可以提高运动员的耐力和持久力。在足球比赛中，持续的奔跑和高强度的活动是常态，而良好的耐力水平能够帮助运动员在比赛中保持高水平的表现。通过有针对性的体能训练，青少年运动员可以增强他们的心肺功能和肌肉耐力，使他们能够更长时间地保持高强度的活动状态，从而在比赛中展现出更好的技术技能。

体能训练有助于提高运动员的爆发力和速度。足球比赛中经常需要进行突然的加速、变向和爆发力动作，而这些动作的完成需要良好的爆发力和速度。通过针对性的体能训练，可以有效地提高运动员的肌肉爆发力和神经反应速度，使他们能够更快地做出反应并执行技术动作，从而在比赛中占据先机。

体能训练还可以提升运动员的灵活性和平衡能力。在足球比赛中，灵活性和平衡能力对于完成各种复杂的技术动作至关重要。通过进行各种形式的伸展和平衡训练，可以增强运动员的身体灵活性和控制能力，使他们能够更加轻松地完成技术动作，并且更加不易受伤。

除此之外，体能训练还可以提高运动员的力量和核心稳定性。在足球比赛中，良好的力量和核心稳定性能够帮助运动员更好地控制自己的身体，从而更精准地完成各种技术动作。通过进行重量训练和核心稳定性训练，可以增强运动员的肌肉力量和核心稳定性，使他们能够更好地控制自己的身体，并且在比赛中展现出更高水平的技术技能。

通过提高运动员的耐力和持久力、爆发力和速度、灵活性和平衡能力、力量和核心稳定性等多个方面的身体素质，体能训练可以直接提升运动员在比赛中的

表现水平，并且为他们的技术技能发展奠定坚实的基础。因此，在青少年足球训练中，体能训练应该被视为不可或缺的重要环节，以确保运动员能够全面发展并取得更好的比赛成绩。

二、提高比赛耐力与精神集中度

提高比赛耐力与精神集中度是青少年运动员在竞技体育中追求的重要目标。体能训练在这方面扮演着至关重要的角色，它不仅可以增强身体的耐力和灵活性，还可以培养运动员的意志力和专注力。通过系统的体能训练，青少年运动员可以在比赛中表现出更加出色的持久力和专注度。

首先，体能训练对于提高比赛耐力至关重要。耐力是运动员在长时间持续运动中保持体能和精神状态的能力。通过长期坚持的有针对性的体能训练，可以显著提高肌肉的耐力水平。这种训练可能包括有氧运动，如跑步、游泳和骑行，以及无氧运动，如重量训练和间歇训练。这些训练有助于提高心血管系统的功能，增强心肺功能，促进血液循环，提高肌肉的耐力和疲劳抵抗力。通过逐渐增加训练强度和持续时间，青少年运动员可以逐步提高他们的耐力水平，从而在比赛中能够更加持久地保持高水平的表现。

其次，体能训练也对提高比赛中的精神集中度至关重要。精神集中度是指运动员在面对压力和分散注意力的情况下，仍能够保持专注和集中精力的能力。体能训练可以通过各种方式来培养这种精神集中度。例如，高强度的体能训练需要运动员在疲劳和不适的情况下保持专注，这可以锻炼他们的意志力和毅力。此外，一些训练项目，如瑜伽和冥想，可以帮助运动员学会控制自己的思维，提高专注力和自我调节能力。还有一些认知训练方法，如认知行为疗法和心理训练，可以帮助运动员更好地处理压力和焦虑，提高比赛时的心理稳定性和专注度。

除了耐力和精神集中度，体能训练还可以对青少年运动员的整体健康和运动表现产生积极影响。定期进行体能训练可以预防运动损伤和提高身体素质，使运动员更加强壮和灵活。此外，体能训练还可以提高运动员的速度、爆发力和协调性，这些都是在比赛中取得优异成绩所必需的。因此，体能训练不仅可以提高比赛中的耐力和精神集中度，还可以全面提升青少年运动员的综合竞技水平。

　　然而，要想取得良好的训练效果，青少年运动员需要注意以下几点。首先，训练计划应该科学合理，结合个体的身体状况和训练目标，避免过度训练和受伤。其次，运动员需要保持良好的生活习惯，包括充足的睡眠、均衡的饮食和适当的休息，以确保身体能够充分恢复和适应训练负荷。此外，青少年运动员还应该注重心理素质的培养，学会处理竞技中的挫折和压力，保持积极乐观的心态。最后，体能训练应该与技术训练和战术训练相结合，相互配合，以达到最佳的比赛效果。

　　综上所述，体能训练在提高青少年运动员比赛耐力和精神集中度方面起着至关重要的作用。通过科学合理的训练计划和良好的生活习惯，青少年运动员可以逐步提高他们的体能水平，从而在比赛中取得更好的成绩。同时，体能训练也有助于培养运动员的意志力和专注力，提高他们在竞技体育中的综合竞技能力。因此，体能训练应该被视为青少年运动员训练计划中不可或缺的重要组成部分。

三、速度训练对比赛表现的贡献

　　足球是一项高强度的全身性运动，它要求运动员具备优秀的体能素质，包括耐力、速度、爆发力、灵活性和协调性等。为了提高球员在比赛中的表现和减少受伤风险，设计和实施针对性的体能训练项目至关重要。

　　设计体能训练项目需要考虑到足球比赛的特点和运动员的需要。足球是一项需要持续奔跑、快速变向、爆发力和耐力的运动。因此，体能训练项目应该围绕这些方面展开。具体来说，可以包括有氧耐力训练、速度和爆发力训练、灵活性训练以及核心力量训练等。

　　有氧耐力训练是提高球员在比赛中持续奔跑能力的关键。这种训练可以包括长距离跑、间歇训练和阻力训练等。通过定期进行有氧耐力训练，球员可以提高心肺功能，延长持续运动的时间，并在比赛末段保持较高的表现水平。

　　速度和爆发力训练是提高球员爆发力和灵活性的重要方式。这种训练可以包括短距离冲刺、爆发力训练和快速变向训练等。通过这些训练，球员可以提高起跑速度、加速度和快速变向的能力，从而更好地应对比赛中的各种情况。

　　灵活性训练对于预防运动损伤和提高运动员身体机能非常重要。这种训练可以包括拉伸训练、瑜伽和普拉提等。通过保持良好的身体柔韧性，球员可以减少受伤的风险，并提高身体的运动效率。

核心力量训练是确保运动员在比赛中保持稳定姿势和有效动作的关键。这种训练可以包括腹部、背部和臀部等核心肌群的训练。通过加强核心肌群，球员可以提高身体的稳定性和平衡性，从而更好地应对比赛中的各种挑战。

在实施体能训练项目时，需要根据球员的实际情况和训练周期进行合理安排。首先，应该进行全面的体能评估，了解球员的身体状况和潜在问题。然后，根据评估结果制定具体的训练计划，包括训练内容、强度和频率等。在训练过程中，要注意逐步增加训练强度，避免过度训练和受伤。同时，要定期进行评估和调整，确保训练效果的最大化。

另外，体能训练项目的实施还需要注重球员的营养和休息。良好的饮食和充足的睡眠对于提高训练效果和促进身体康复至关重要。因此，在训练期间要注意合理安排饮食和休息时间，确保球员能够充分恢复和适应训练的需求。

综上所述，设计和实施针对性的体能训练项目对于提高足球运动员的表现和减少受伤风险至关重要。通过科学合理地设计训练内容和实施步骤，并注重球员的营养和休息，可以帮助球员提高体能素质，提高比赛水平，实现个人和团队的成功。

四、体能训练与伤病预防

体能训练与伤病预防是体育运动中至关重要的一环。通过系统的体能训练，运动员可以提高身体素质，增强身体各项功能，从而减少运动伤害的风险。本文将从体能训练的角度，探讨如何有效预防运动伤害。

首先，体能训练可以提高肌肉力量和耐力。强健的肌肉是预防运动伤害的基础。通过针对性的力量训练，可以增强肌肉的收缩能力和爆发力，提高肌肉的耐力和稳定性。例如，核心肌群的训练可以有效提高躯干的稳定性，减少受伤风险。此外，有氧训练可以提高心肺功能，增强身体的耐力，使运动员在长时间运动中能够保持良好的状态，减少因疲劳导致的伤害。其次，体能训练可以提高关节灵活性和运动范围。关节的灵活性和运动范围决定了身体在运动中的可调性和稳定性。通过拉伸训练和关节活动训练，可以增加关节的灵活性，减少运动时的摩擦和受力集中，降低受伤的可能性。此外，平衡训练也是提高身体稳定性和控制能力的有效方法，可以预防因失衡而引发的伤害。第三，体能训练可以改善身体的运动技能和动作技巧。运动技能的熟练程度直接影响了运动员在比赛中的表现和受伤风险。通过反复练习和模拟比赛情境，可以提高运动员的技术水平，使其动作更加规范、流畅，减少不必要的动作错误和受伤风险。此外，针对性的技术训练还可以帮助运动员更好地应对不同的比赛场景和对手，提高应变能力，减少因应激而导致的伤害。最后，体能训练可以提高身体的综合素质和适应能力。身体的综合素质包括力量、耐力、速度、灵活性、平衡等多个方面，而综合素质的提高可以使身体更加适应各种运动环境和挑战，减少因环境变化而导致的伤害。通过多样化的训练内容和方法，可以全面提升运动员的身体素质，增强其抵抗外界压力和伤害的能力。

总的来说，体能训练在预防运动伤害中起着至关重要的作用。通过提高肌肉力量和耐力、增加关节灵活性、改善运动技能和提高身体综合素质，可以有效降低运动员在训练和比赛中受伤的风险。因此，运动员和教练应当重视体能训练，将其作为预防运动伤害的重要手段，从而保障运动员的健康和竞技状态。

五、体能训练成效的长期跟踪与评价

体能训练的长期跟踪与评价是确保运动员或普通人在体能方面持续提升的关键。无论是在体育竞技领域还是健身健康领域，长期跟踪和评价都是成功的训练计划不可或缺的组成部分。这一过程涉及多个方面，包括设定明确的目标、选择合适的评估方法、定期监测进展并根据需要进行调整。

在体育竞技领域，运动员的表现直接关系到他们的竞争力和成绩。通过长期跟踪和评价，教练可以更好地了解运动员的体能水平，及时发现问题并进行调整，从而提高其竞技表现。在健身健康领域，个体追求健康和体能水平的提升，长期跟踪和评价可以帮助他们了解自己的进展，保持动力并调整训练计划以实现更好的效果。

长期跟踪和评价的方法包括多个方面。首先是设定明确的目标。目标应当具体、可量化和可达成，例如在一定时间内提高耐力、力量或灵敏度等。其次是选择合适的评估方法。评估方法应当根据训练目标和个体特点进行选择，常见的评估方法包括体能测试、运动表现分析、生物学参数监测等。第三是定期监测进展。通过定期进行评估，可以及时发现进展情况，并根据需要调整训练计划。最后是根据评估结果进行调整。评估结果可以帮助教练或个人了解训练的效果，及时调整训练内容和强度，以达到更好的训练效果。

在实施长期跟踪和评价过程中，还需要考虑一些关键因素。首先是个体差异。不同的人具有不同的体能水平和潜力，因此在设定目标和评估方法时需要考虑个体特点。其次是持续性和耐心。长期跟踪和评价是一个持续性的过程，需要耐心和坚持。不能期望一蹴而就，需要通过长期的努力和持续的评估才能达到理想的效果。另外，合理的反馈和激励也是促进长期跟踪和评价的关键因素。及时给予正面的反馈和激励，可以增强个体的动力和信心，更好地坚持训练计划。

综上所述，体能训练成效的长期跟踪与评价是确保运动员或普通人在体能方面持续提升的重要环节。通过设定明确的目标、选择合适的评估方法、定期监测进展并根据需要进行调整，可以更好地了解训练的效果，提高训练的有效性。在实施过程中需要考虑个体差异、持续性和耐心以及合理的反馈和激励等因素，从而促进长期的训练和进步。

第三章　技术训练在青少年足球培养中的应用

在探索青少年足球培养模式的脉络中，技术训练作为提升年轻球员技术水平的基石，扮演着不可或缺的角色。第三章《技术训练在青少年足球培养中的应用》深入探讨了如何通过科学有效的训练方法，提升青少年球员的技术能力，这对于他们未来的足球生涯至关重要。

青少年时期是技能学习的黄金阶段，此时的训练不仅能够在技术层面为青少年球员打下坚实的基础，更能在心理和认知层面促进其全面发展。本章探讨了训练内容和方法的科学设计及其对青少年足球运动技能发展的影响，旨在为教练员和教育工作者提供指导和参考。

本章详细介绍了青少年足球技术训练的方法和内容，涵盖了从基本技术动作训练到战术意识培养的全方位内容。通过丰富多样的训练形式和科学合理的训练内容，不仅能够提高球员的技术能力，还能激发他们对足球的热爱和兴趣，为培养全面发展的足球人才奠定基础。

总之，第三章《技术训练在青少年足球培养中的应用》通过系统地探讨技术训练在青少年足球培养中的重要性和应用，旨在为青少年足球培训提供一套科学、高效的训练模式，以期培养出技术全面、心理健康、具有创造力和竞争力的新一代足球人才。

第一节　青少年足球技术训练的方法和内容

一、基本技能训练

基本技能训练是青少年足球培养中最为关键的部分，它直接关系到球员技术水平的基础建设。在足球这项运动中，传球、接球、射门、盘带和头球等基础技术是每位球员必须掌握的技能。这些技能的训练方法和练习内容的设计，不仅需要考虑技术动作的准确性和效率，还需考虑到训练的趣味性和科学性，以提高青少年球员的学习兴趣和训练效果。

传球和接球是足球比赛中最基本也是最频繁的动作，它们是团队配合和战术执行的基础。高效、准确的传接球能力能够帮助团队更好地控制比赛节奏，创造进攻机会。训练时，教练应设计各种情境下的传接球练习，如短传、长传、地面球和高空球等，同时加入移动接球、转身接球等更为复杂的技能训练。通过设置不同的训练目标和任务，如限时完成一定数量的准确传接、在移动中完成传接等，增加训练的挑战性和趣味性，帮助球员提高在不同比赛情境下的应变能力和技术稳定性。

射门是足球比赛中最直接的得分手段，其技术的好坏直接关系到球队的比赛成绩。射门技术的训练应该着重于力量、角度和时机的把握。教练可以通过设置不同的射门点、不同防守压力下的射门练习，以及结合实际比赛情境的模拟训练，如突破后的射门、定位球射门等，来提高球员的射门准确性和应变能力。此外，教练还应教授球员如何根据比赛情况选择最佳射门方式，如抽射、搓射、推射等，以及如何在高压力情况下保持冷静，做出正确的射门决策。

盘带是球员在场上突破防守、创造机会的重要技能。盘带训练应该注重球员的身体协调性、球感和场上视野。通过设置障碍物、模拟对手防守等方法，教练可以提高球员在有限空间内的盘带能力和对抗能力。同时，通过分组对抗练习，球员可以在实战中学习如何在对抗中保持球权，如何利用盘带创造进攻空间或吸引防守，为队友创造机会。

　　头球是足球比赛中的又一重要技术,它既是防守反击的重要手段,也是进攻得分的有效方式。头球训练应包括进攻头球和防守头球两个方面,强调正确的跳跃时机、头球击球点以及头球后的落地保护。通过模拟角球、任意球等定位球情况下的头球练习,以及在移动中完成头球的练习,球员可以提高在不同比赛情况下的头球准确性和应用能力。

　　除了针对单一技术的训练外,教练还应设计综合性训练课程,将传球、接球、射门、盘带和头球等技术融合起来,模拟比赛中的实际情况,让球员在综合应用各项技术的同时,提高比赛读情能力和团队协作能力。例如,通过小范围比赛、攻守转换练习等方式,让球员在接近比赛强度的训练中,加深对技术运用的理解和掌握。

　　基本技能的训练是一个长期且持续的过程,它要求教练具备丰富的专业知识和创新能力,设计出既符合科学原则又富有趣味性的训练内容。对于青少年球员而言,通过系统的基本技能训练,不仅能够打下坚实的足球技术基础,还能激发他们对足球的热爱,为未来的足球之路奠定坚实的基础。

二、协调性与灵活性训练

　　在当代足球运动高速发展与激烈竞争中,球员的协调性与灵活性已经成为决定比赛胜负的关键因素之一。协调性是指运动员在进行运动时,身体各部分能够高效、有序地配合完成复杂动作的能力。灵活性则是指运动员身体各关节和肌肉群能够在最大运动幅度内自由、准确、迅速地进行动作的能力。对于青少年足球运动员来说,通过各种小游戏和练习提高这两方面的能力,不仅有助于他们的足球技能全面提升,还能有效预防运动损伤,增加运动乐趣,从而更好地投入足球训练和比赛。

　　在青少年足球训练中,协调性与灵活性训练应贯穿于整个训练过程,而不应仅仅作为独立的训练模块出现。这是因为这两项能力的提升需要在长期、持续的训练中逐渐积累和优化。为此,教练和训练者可以设计一系列具有趣味性、挑战性和适应性的小游戏和练习,以激发青少年球员的训练兴趣,同时实现技能的有效提升。

一种常见的方法是通过团队接力赛、障碍赛等小游戏来提升球员的协调性。在这类游戏中，球员不仅需要快速跑动，还需要在跑动中完成一系列动作，如带球、躲避障碍、快速改变方向等。这要求球员的手脚协调能力和身体平衡能力达到很高的水平。同时，这些游戏的设计还可以根据球员的年龄、技能水平和训练目标进行调整，以确保训练的有效性和安全性。

除了小游戏，各种专项练习也是提高协调性与灵活性的有效手段。例如，利用梯子训练、障碍物跑、圆圈跳等练习，可以有效提升球员的步伐灵活性、身体协调性和反应速度。这些练习通常要求球员在保持高速运动的同时，完成复杂的脚步移动，这对于提高他们在比赛中的移动效率和控球技巧至关重要。

在进行协调性与灵活性训练时，教练应注重训练的全面性和个体化。全面性是指训练应覆盖球员身体的各个部位和运动技能，而个体化则是指训练计划应根据每位球员的身体情况进行调整。不同的球员可能在身体柔韧性、反应速度、运动协调能力等方面存在差异，因此，教练需要仔细观察每位球员的表现，及时调整训练内容和难度，确保每位球员都能在训练中得到充分的发展。

此外，创新也是提高训练效果的重要因素。教练可以结合足球技术和战术要求，设计新颖的训练项目和游戏，不断激发球员的学习兴趣和参与热情。例如，可以设计一些模拟比赛场景的训练游戏，让球员在完成协调性与灵活性训练的同时，也能够学习和应用足球战术知识。

总之，通过各种小游戏和练习提高青少年球员的协调性与灵活性，对于他们的足球技能提升和身体健康都具有重要意义。这不仅需要教练具备丰富的创意和专业知识，还需要球员们积极参与、持之以恒地练习。只有这样，才能在足球的绿茵场上畅游无阻，展现出最佳的自我。

三、战术意识培养

战术意识在足球比赛中占据着举足轻重的地位，它不仅体现在球员对比赛的理解上，更关乎于球员如何在场上做出快速而准确的决策。在青少年足球培养中，特别强调战术意识的培养，旨在通过科学有效的训练方法，提高年轻球员在进攻和防守时的战术应用能力。围绕进攻和防守战术的培养，不仅要求球员掌握基本的技术技能，更需要他们理解并实践战术的深层次内容，这就要求教练员设计出既有挑战性又能促进球员战术理解和应用的训练内容。

在进攻战术的培养中，教练需引导球员理解如何根据比赛的实际情况选择合适的进攻方式，如何通过快速传递和移动来创造进攻机会，以及如何在对方防守密集时寻找突破口。这一过程中，分组对抗练习成为一种极为有效的训练方式。通过模拟实战情景，球员可以在不断的尝试和调整中学习如何在进攻中发挥团队协作，如何利用个人技术突破对手的防线，以及如何在面对不同防守策略时做出合理的进攻选择。

防守战术的培养同样重要。教练需要教会球员如何通过有效的位置选择和移动来减少对方进攻球员的空间和机会，如何通过团队协作来形成防守压力，以及在必要时如何进行适当的铲球和拦截。在分组对抗练习中，教练可以设置特定的防守目标，如限制对方球员的射门次数、控制对方在某一区域的传球等，从而让球员在实战中学习和实践防守战术。

此外，战术意识的培养还要求教练能够灵活地调整训练内容和难度，以适应球员的个体差异和团队的整体发展水平。对于刚开始接触足球的青少年球员，教练可能需要更多地关注于基本技能的培养和简单战术的介绍。而对于那些技术基础较好，对比赛有一定理解的球员，教练则可以引入更为复杂的战术概念和训练方式，如变化阵型、快速反击、压迫式防守等，以挑战球员的战术理解和应用能力。

在分组对抗练习中，教练员的即时反馈和指导至关重要。通过对比赛过程中的具体情况进行分析，指出球员在战术选择和执行上的不足，以及提供改进的建议，可以帮助球员更快地理解和吸收战术知识，提高他们的战术执行力。同时，教练也应鼓励球员在训练中进行自我反思，让球员学会从每一次训练和对抗中总结经验，形成自己的战术理解。

最终，通过系统的分组对抗练习，不仅可以提高青少年球员的战术意识，还能促进球员之间的沟通和协作，培养球员面对不同比赛情况的适应能力和决策能力。这种以战术为中心的培养方式，使得球员在提高个人技术技能的同时，也能够更好地理解足球这项运动的深层次魅力，为他们日后的足球生涯奠定坚实的基础。

四、技术组合与变化训练

在当代足球教育与训练中，技术组合与变化训练占据了核心地位，尤其是在青少年足球培养模式中。这种训练不仅要求球员掌握各种基本技术动作，更重要的是学会如何将这些技术动作组合运用，并根据比赛的具体情况灵活变化，以此来提高球员在实战中的适应性和创造性。本段落旨在深入探讨技术组合与变化训练的重要性、实施方法以及在青少年足球训练中的应用。

足球比赛的不确定性和复杂性要求球员在场上能够迅速做出决策，并有效执行技术动作。因此，技术组合与变化训练不仅仅是简单地教授球员单一的技术动作，而是要教会他们如何将这些技术动作根据实际比赛的需求进行有机组合和灵活变化。这种训练方式能够显著提升球员的比赛智能、技术运用能力和场上创造力。

首先，技术组合训练的核心在于帮助球员理解不同技术动作之间的关联性，以及它们如何被组合起来以应对不同的比赛情境。例如，球员需要学会如何将控球、传球、带球和射门等基本技术动作进行有效组合，以便在进攻时创造机会或在防守时有效地阻止对手。这种组合不是随机的，而是需要球员通过大量的实战训练，了解在特定场景下哪种技术组合最有效，以及如何快速从一种技术动作平滑过渡到另一种技术动作。

其次，技术变化训练则更加强调在已有技术动作基础上的创新和调整。比赛中的实际情况千变万化，同一技术动作可能因为对手的不同防守策略而需要进行适当的调整。例如，面对紧逼防守时，球员可能需要通过变化脚下的球感和控球技巧来保持球权，或者在面对多名防守球员时，通过快速的传球技术变化来寻找或创造突破口。这种技术变化的训练要求球员具备高度的球感、敏捷的思维和出色的身体协调能力，以便在有限的时间和空间内做出最有效的技术动作调整。

在青少年足球培养模式中，技术组合与变化训练的实施需要教练员具备丰富的教学经验和创新思维。教练员不仅要教会球员基本技术动作，更重要的是要设计出既有挑战性又能激发球员兴趣的训练内容，如模拟实战的小型比赛、技术动作组合的练习以及技术变化的创新训练等。通过这些训练，球员能够在模拟的比赛环境中不断尝试、学习和应用技术组合与变化，从而在实际比赛中更加自信和自如地运用这些技能。

此外，技术组合与变化训练还需要依托于科学的训练方法和先进的技术工具。利用视频分析工具，教练员和球员可以一起回顾比赛录像，分析技术动作的执行情况、技术组合的有效性以及技术变化的时机和效果。这种反馈机制能够帮助球员更加清晰地认识到自己在技术运用上的优势和不足，从而有针对性地进行改进和提升。

总之，技术组合与变化训练是青少年足球培养中不可或缺的一环。通过这种训练，青少年球员不仅能够提高自己的技术水平，更重要的是能够在比赛中灵活应对各种情况，展现出高水平的比赛智能和创造力。这对于球员个人的成长发展以及整个球队的战斗力提升都具有重要意义。

五、身体对抗和抢断技术

在足球比赛中，身体对抗和抢断技术是球员必备的技能，它们直接影响着球队的防守质量和比赛的控制能力。一个优秀的球员，不仅需要具备出色的球技，还需要在身体对抗中展现出强大的抗压能力和在关键时刻做出准确的抢断。因此，通过特定的训练内容提高球员在这两方面的表现，是足球培养过程中不可或缺的一环。

身体对抗不仅仅是指力量的较量，更重要的是技巧和策略的应用。训练中，教练需要重点培养球员的身体协调性、平衡能力和力量输出的时机控制。这包括如何有效使用身体的不同部位，如肩膀、胸部和臀部，来保护球、抵挡对手的冲击或争夺位置。同时，增强核心肌群的力量对于提高球员在对抗中的稳定性和爆发力至关重要。通过针对性的力量训练，如深蹲、硬拉、冲刺和爆发力训练，可以显著提升球员的对抗能力。

在提高球员抢断技巧和时机判断方面，重点应该放在提高球员的预判能力、反应速度和决策能力上。有效的抢断不仅依赖于球员的身体条件，更依赖于对比赛节奏的把控和对对手意图的准确判断。教练可以通过模拟比赛情境的训练，如小范围的对抗游戏和位置攻防演练，来提高球员的实战经验和应变能力。这类训练有助于球员在高压环境下做出快速准确的判断，把握抢断的最佳时机。

另一方面，心理素质的培养也是提高身体对抗和抢断技术的关键。在对抗激烈的比赛中，保持冷静和专注是球员成功抢断和有效对抗的基础。教练需要通过心理训练和比赛模拟，帮助球员建立自信，学会在压力下保持冷静，提高心理韧性。此外，通过视频分析，让球员观看自己在比赛中的表现和优秀球员的对抗和抢断案例，能有效提升球员的认知水平和技术理解。

在训练过程中，个性化训练计划的制定也非常重要。由于球员的体质、技术特点和心理状态各不相同，教练需要根据每个球员的具体情况，制定针对性的训练计划。对于体质强壮、力量突出的球员，重点可能需要放在提高灵活性和技巧上；而对于技术型球员，则需要更多地强化力量训练和心理素质的提升。通过个性化的训练，可以更有效地提升球员的综合能力，使他们在对抗和抢断方面表现更加出色。

训练的持续性和系统性也是提高球员身体对抗和抢断技术的关键。只有通过长期、系统的训练，球员才能在这两方面达到高水平的表现。教练需要定期评估训练效果，根据球员的进步情况和存在的问题调整训练计划。同时，保持训练的多样性和趣味性，可以提高球员的训练积极性，促进技术的快速提升。

总之，通过专门的训练内容提高球员在身体对抗和抢断方面的表现，是足球技术训练中的重要组成部分。它要求教练具备深厚的专业知识，能够根据球员的具体情况制定合理的训练计划，同时也需要球员在训练中保持高度的专注和努力，以达到最佳的训练效果。只有这样，球员才能在激烈的比赛中展现出优秀的身体对抗和抢断技术，为球队赢得更多的胜利机会。

第二节　技术训练对青少年足球运动技能的影响

一、技术精准度的提高

在足球这项运动中，技术精准度的提高是每一位青少年球员成长路径上的关键一环。技术精准度不仅关乎球员在场上执行基本动作的能力，如控球、传球、射门等，还涉及在高压力情况下做出快速准确决策的能力。系统的技术训练，作为提高这些技能的重要手段，不仅能帮助青少年球员在技术层面获得进步，还能在心理和战术理解方面带来显著提升。

首先，系统的技术训练为青少年球员提供了一个稳定的学习环境，这一环境是技术提升的基础。在这样的训练体系中，训练内容被分解为多个模块，每个模块都针对足球技术中的特定方面，如球的控制、传接球技巧、射门准确度等。通过这种方式，青少年球员能够专注于提高特定技能，而不是在各种技能之间漫无目的地切换。这种专注性训练是技术精准度提高的重要因素，它能够确保球员在每个技能点上都能得到充分的练习和改进。

其次，系统化的技术训练通过反复练习建立了肌肉记忆，使得球员能够在比赛中自然而然地执行技术动作。肌肉记忆是指通过大量重复的实践，身体能够记住特定的动作模式，从而在需要时自动执行。对于足球运动来说，这意味着球员可以在极短的时间内做出反应，执行精准的传球或射门，而不必过多思考。这种直觉式的反应能力是在高速、高压力的比赛环境中取得成功的关键。

再者，系统的技术训练还包括对心理素质的锻炼。足球不仅是一项身体运动，也是一项心理游戏。在比赛中，球员需要在巨大的心理压力下做出快速决策并执行精准技术动作。通过模拟比赛情境的训练，球员能够提前适应比赛压力，学习如何在紧张的环境中保持冷静和集中注意力。这种训练可以帮助球员在实际比赛中更好地控制自己的情绪，减少错误的发生，提高技术动作的精准度和效率。

除了提高技术精准度和效率，系统的技术训练还能帮助青少年球员提高战术理解和团队协作能力。通过团队训练和战术演练，球员们不仅学习如何执行个人技术动作，还学习如何将个人技术融入团队战术。这种训练有助于球员理解自己在场上的角色以及如何与队友合作，从而提升整个团队的表现。

最后，系统的技术训练还强调了反馈和调整的重要性。在训练过程中高技术动作精准度和效率的基石，承载着塑造球员技术能力的重要使命。

系统训练的另一个优势在于其重复性。通过大量重复特定技术动作的训练，球员可以逐渐减少执行该动作时所需的认知和物理负担，直至这一动作成为肌肉记忆。这种重复性训练不仅提高了动作的精准度，也大大提升了执行技术动作的速度和自然度，使球员在比赛中能够更加灵活地应对各种情况。

此外，系统的技术训练还注重个体差异的考量。在足球教练的指导下，训练计划会根据每位球员的具体情况进行调整，以适应其个人的技术水平、身体条件和心理状态。这种个性化的训练方法能够确保球员在提高技术精准度的同时，也在心理和身体上得到均衡发展。通过对个体差异的关注，系统训练帮助球员找到最适合自己的技术执行方式，进一步提升技术动作的效率和精准度。

在提高技术精准度的过程中，反馈机制也发挥着至关重要的作用。系统训练中，教练会实时监控球员的技术执行情况，及时提供反馈和建议。这种即时反馈不仅帮助球员意识到自己的不足，还指导他们如何调整技术动作，以达到更高的精准度。同时，现代技术的应用，如视频分析工具，也为技术训练提供了宝贵的辅助，使球员能够直观地看到自己的动作执行情况，从而更加精确地进行自我调整和优化。

值得一提的是，系统的技术训练还强调技术动作在实战中的应用。通过模拟比赛情境的训练，如对抗训练、小组比赛等，球员可以在与真实比赛相似的环境中应用和练习技术动作。这种实战训练不仅能够进一步提高技术动作的精准度和效率，还能够帮助球员学会如何在复杂多变的比赛环境中做出正确的技术选择，提升其战术理解和应用能力。

二、比赛决策能力的增强

在现代足球的高速发展中，比赛决策能力已成为区分优秀球员与普通球员的关键因素之一。决策能力指的是球员在比赛中快速、准确地做出判断和选择的能力，这包括对比赛形势的理解、对对手动态的预判以及对最佳行动方案的选择。技术训练不仅仅是提高球员技术技能的过程，更是培养其比赛决策能力的重要环节。

技术训练能够通过模拟比赛情境来提高球员的决策能力。在训练中，教练可以设计各种具有挑战性的游戏和练习，模拟比赛中可能遇到的不同情况。例如，通过设置人数不等的小组比赛，可以模拟进攻和防守时的人数优势或劣势情况；通过限制触球次数或时间，可以增加决策的压力，迫使球员在有限的时间内做出判断。这种模拟训练可以帮助球员在非竞赛环境中预演比赛情境，提高他们对比赛节奏的适应能力和在复杂情境下做出快速决策的能力。

技术训练强调对基本技术的高度掌握，这为快速准确决策提供了技术保障。掌握精准的传球、控球、射门等基础技术，使球员在面对比赛中的各种情况时，能够更加自信地做出选择。例如，一个技术全面的球员在面对紧逼时，可以通过精准的短传快速摆脱对方的防守；在面对门将一对一的机会时，可以准确地选择射门角度。这些技术的掌握减少了执行动作时的思考时间，使球员在决策时更加专注于比赛形势的分析和对手的动向，从而做出更快、更准确的决策。

技术训练通过反复练习，培养球员的直觉判断和即时反应能力。在足球比赛中，很多情况下球员需要依靠直觉来做出决策，这种直觉是长时间、大量练习的结果。通过不断重复特定技术动作和比赛情境下的决策过程，球员能够在潜意识中积累经验，形成条件反射。当类似情况在比赛中出现时，球员可以凭借这种直觉快速做出反应，而不是依赖于缓慢的逻辑思考。这种直觉反应能力是比赛决策能力的重要组成部分，它使球员能够在高强度、高速度的比赛中保持竞争优势。

技术训练还需要注重战术理解和团队配合的培养，这对提升个人的决策能力同样至关重要。通过团队训练和战术演练，球员可以更好地理解自己在球队中的角色和任务，以及如何与队友进行有效的配合。这种对战术层面的理解，使球员在做出个人决策时，能够考虑到团队整体的战术安排和目标，做出更加合理的选择。例如，一个边锋在选择传中还是个人突破时，需要考虑中锋的位置、后援队友的跟进以及对方防守的布置。这种决策不仅基于个人技术能力，还需要对团队战术的理解和对比赛形势的全面判断。

总之，技术训练对于提高球员的比赛决策能力具有不可替代的作用。通过模拟比赛情境、强化基础技术训练、培养直觉判断和即时反应能力，以及加强战术理解和团队配合，技术训练为球员提供了做出快速准确决策所需的各种能力。在高水平足球比赛中，每个决策都可能影响比赛的结果，因此，持续优化技术训练，不断提升球员的决策能力，对于球员个人发展和球队整体表现至关重要。

三、身体素质的改善

在足球运动中，身体素质是决定球员表现的关键因素之一。优秀的球员不仅需要掌握高超的技术技能，还必须具备出色的身体素质，包括速度、力量和耐力等。因此，技术训练与身体素质训练的有效结合对于提高球员的整体表现至关重要。

在传统的足球训练中，技术训练和身体素质训练往往被看作是两个相对独立的部分，分别进行。然而，这种分离的训练方式忽视了足球运动的综合性和互动性，不能充分发挥训练效果。近年来，越来越多的教练和训练师开始倡导将技术训练与身体素质训练相结合的方法，认为这种综合训练方式更符合足球运动的特点，能更有效地提高球员的表现。

技术训练与身体素质训练相结合的方式，主要是在进行技术动作训练的同时，融入身体素质的提升要求。例如，在进行控球、传球等技术训练时，增加速度和耐力的训练元素，如通过设定时间限制，要求球员在短时间内完成一定数量的技术动作，从而同时锻炼球员的速度和耐力；或者在进行射门训练时，结合力量训练，如使用重力球进行射门练习，以增强球员的腿部力量和射门力量。

这种训练方式的优势在于，它能使球员在模拟比赛的真实情境下进行训练，更好地将技术技能和身体素质结合起来。在比赛中，球员往往需要在快速移动中进行控球、传球或射门，这不仅考验球员的技术技能，还考验其速度、力量和耐力。通过模拟这些比赛情境的训练，球员可以更有效地提升其比赛中的实际表现。

此外，技术训练与身体素质训练相结合的方式还有助于提高训练的趣味性和参与度。传统的身体素质训练往往枯燥乏味，容易使球员感到疲劳和缺乏动力。而将技术技能训练融入其中，可以使训练过程更加多样化和有趣，提高球员的参与度和训练效果。

总之，技术训练与身体素质训练相结合的方式是提高足球球员速度、力量和耐力的有效方法。它能够使球员在模拟比赛情境下全面训练，提高比赛表现，同时增加训练的趣味性和参与度。尽管实施这种训练方式存在一定的难度，但只要科学合理地设计训练计划，充分考虑球员的个体差异，就能够最大限度地起到训练效果，助力球员全面提升自己的竞技水平。

第四章　战术训练与团队合作

　　本章节将带领我们深入了解战术训练和团队合作在塑造年轻球员未来职业道路上的重要性。足球，作为世界上最受欢迎的体育项目之一，不仅是对技能和体能的挑战，更是对智慧和团队精神的考验。在这项充满激情和竞争的运动中，战术训练和团队合作是分不开的。

　　战术训练不仅仅是关于球员在场上的位置、移动和球的控制，它更深层次地涉及如何在不断变化的比赛环境中做出快速决策，如何通过预设战术来利用对手的弱点，以及如何作为一个团队共同实现目标。这要求教练员不仅要有深厚的足球知识和经验，还要具备教育年轻球员、培养他们战术思维能力的技巧。

　　团队合作则是足球精神的核心所在。一个团队的成功不仅建立在个体技能之上，更重要的是球员之间如何互相支持、沟通和协作，实现共同的目标。团队合作的培养不仅需要在训练场上的练习，也需要通过团队建设活动和心理训练来加强。它关乎信任、责任和牺牲，是青少年球员成长过程中不可或缺的一部分。

　　本章首节《青少年足球战术训练的方法和内容》则深入讨论了具体的训练方法和内容，提供了将理论转化为实践的桥梁。在第二节《青少年足球团队合作培养策略》中，我们将探索如何有效地建立和维护团队精神，以及如何通过各种活动和训练手段促进球员之间的相互理解和合作。

　　通过本章的学习，读者将获得关于如何在青少年足球训练中有效融合战术训练与团队合作的深刻见解，从而为年轻球员提供一个全面发展的平台，不仅促进他们在技术上的提升，也在心理和团队精神方面培养他们成为更完善的运动员。

第一节 青少年足球战术训练的方法和内容

一、基础战术概念的介绍与实践

在足球这项运动中，基础战术的理解与实践是每位球员必须掌握的要素，它们构成了足球比赛中的基石。这些战术包括控球、传球、移动等，不仅仅是技能的展现，更是球员与球队整体战术执行能力的体现。要想在比赛中占据优势，仅仅依靠个人的技术是不够的，还需要将这些基础技能融入整体的战术体系中去。

控球技能是足球基础技术中最为重要的一环，它是球员进行有效进攻和防守的前提。控球不仅仅意味着能够在接球时减缓球速，更重要的是在控制球的同时能够迅速做出决策，如何传球、何时带球突破或者射门。因此，控球技能的训练不仅要注重球员对球的第一触球质量，还要加强在不同压力下的控球能力，如在对手紧逼的情况下如何保持球的控制权。训练方法可以通过小范围的对抗游戏，提高球员在有限空间内的控球技巧和决策能力。

传球是足球运动中最基本也是最关键的技能之一，它是球队之间合作的基础。有效的传球可以帮助球队控制比赛节奏，打破对方防线，创造进攻机会。传球训练应当注重传球的准确性、力量和时机，包括短传、长传、高空球传递等不同传球方式的训练。此外，传球训练还应该结合实战，如通过设置不同的传球目标，模拟比赛中的实际情况，提高球员在压力下的传球准确性和决策速度。

移动是足球比赛中常常被忽视的一部分，但其实它对于形成有效的攻防转换、创造和利用空间都至关重要。移动包括无球跑动和带球推进两个方面，良好的移动能力可以帮助球员在正确的时间到达正确的位置，接应传球或防守。无球跑动的训练应该强调球员的视野和预判能力，教会他们如何根据球的位置、队友和对手的位置进行有效的跑位。带球推进则更多地关注于球员的个人技巧和速度，训练时可以通过设置障碍物和限时任务，提高球员的带球突破能力。

要有效地将这些基础战术融入实战中，训练时还需要注重战术理解和团队协作能力的培养。这意味着，在进行技能训练的同时，教练需要向球员们解释每一项技能在比赛中的应用场景和战术意义，如何与队友之间进行有效的沟通和协作，以及如何根据比赛的实际情况灵活调整战术。这种训练可以通过分组对抗、模拟比赛等形式进行，让球员在接近真实比赛的环境中学习和应用这些战术。

　　总之，基础战术的训练和实践是提高足球技能的关键。通过对控球、传球和移动等基础技能的持续训练，结合战术理解和团队合作的教学，球员可以在比赛中更好地执行战术安排，提高球队的整体表现。这不仅需要球员们的刻苦训练和不断实践，也需要教练们科学合理的训练计划和方法，以及对比赛战术深刻的理解和指导。只有这样，才能在竞争激烈的足球赛场上占据有利地位，展现出优秀的比赛表现。

二、进攻与防守战术的系统训练

　　在足球比赛中，进攻与防守战术的有效运用是取得胜利的关键。对于青少年球员而言，系统训练这两个方面不仅能提升他们在场上的表现，还能帮助他们更好地理解足球这项运动的深层次逻辑和策略。在进攻与防守战术的系统训练中，教练需要设计一系列的训练计划，这些计划旨在提升球员的技术技能、战术理解、心理素质及团队协作能力。

　　首先，进攻战术的训练着重于提升球员的创造性和进攻效率。这包括了对球员进行空间利用、传球选择、移动配合及射门技巧的训练。在实际训练中，教练可以通过设置不同的比赛情景，让球员们在面对不同防守压力和空间限制时，学会如何做出快速而准确的判断。例如，通过小范围比赛和限时进攻演练，球员可以在实战中学习如何在紧迫的防守下快速传球和移动，以及如何通过无球跑动创造进攻空间。

　　此外，进攻战术训练也需要强调球员之间的默契配合和团队意识。通过组织团队配合演练，球员们可以学习如何通过连续的传球和跑位，破坏对手的防守结构，创造进球机会。这种训练不仅仅是对球员个人技术的提升，更是对他们战术理解和视野的拓展。通过不断的实践，球员们可以更好地理解何时应该传球，何时应该持球突破，以及如何通过团队协作扰乱对手的防守布局。

　　防守战术的训练则更多侧重于球员的防守意识、位置感和协防技巧。在这部分训练中，教练需要教会球员如何有效地进行人盯人防守和区域防守，如何在对方进攻时迅速回防，以及如何通过有效的沟通和配合，形成防守网，减少对方的进攻空间。通过模拟对方的进攻战术，球员们可以在训练中学习如何识别对方的进攻意图，如何进行有效的拦截和抢断，以及在失球后如何快速转换防守态势。

在防守战术训练中，还需要重点培养球员的防守转换意识。这意味着球员需要学会在球队从进攻转为防守时，如何快速调整位置，形成有效的防守阵型。这种转换不仅需要球员个人的快速反应，更需要团队之间的紧密配合和沟通。因此，教练需要通过各种实战演练和情景模拟，帮助球员理解在不同比赛情况下的防守策略，培养他们的应变能力和团队协作意识。

最后，无论是进攻还是防守战术的训练，都离不开对球员心理素质的培养。足球比赛充满不确定性，球员在场上经常会面临压力和挑战。因此，教练需要通过心理训练，帮助球员建立自信，学会如何在比赛中保持冷静，如何面对失败和挫折。通过不断的训练和比赛经验积累，球员们可以逐渐提升自己的心理韧性，更好地应对比赛中的各种情况。

综上所述，进攻与防守战术的系统训练是青少年足球培养中不可或缺的一部分。通过科学的训练方法和合理的训练计划，可以有效提升青少年球员的技术技能、战术理解、心理素质和团队协作能力，为他们在足球领域的成长打下坚实的基础。

三、特殊情况下的战术应对

在足球比赛中，特殊情况的出现往往考验着教练和球员的应变能力与战术素养。特殊情况，如球队因红牌处于少打多的不利局面，或在比分领先时采取保守策略以守住胜果，都需要球队做出快速而有效的战术调整。

当球队因红牌或伤病面临少打多的情况时，战术调整成为确保不失球甚至反击成功的关键。首先，球队需要迅速调整阵型，通常是通过牺牲一名或多名前锋或中场球员，加强防守力量。在这种情况下，4-4-1或者5-3-1成为常见的选择，目的是通过增加防守球员的数量来弥补人数上的不足。

在这种不利局面下，球队的战术重点应该转向防守深度和紧凑性，减少空间给对方进攻带来的威胁。球员需要保持高度的纪律性,确保防守区域的紧密覆盖,同时通过积极的跑动和位置互换来补充防守空缺。此外,球队在防守时应尽量减少犯规,避免给对手带来定位球的机会。

在少数情况下,球队还需要利用好有限的反击机会。这通常需要快速转换战术,利用少数几名前场球员的速度和技术特点,通过长传或快速突破来制造进攻威胁。在这种战术下,球队不再寻求通过控球来组织进攻,而是通过快速直接的方式,寻找对手防守的漏洞。

当球队在比分上领先时,采取保守策略以保住胜利成果是一种常见的战术选择。在这种情况下,球队通常会降低进攻的频率和强度,更多地将注意力放在加强防守上。战术调整的关键在于控制比赛的节奏,避免因为过度进攻而留给对手反击的空间。

领先保守战术的实施,需要球队在场上保持高度的组织纪律。中场球员的作用尤为重要,他们不仅要参与防守,还需要通过控球和传递来消耗时间,减缓比赛节奏。此外,球队还可以通过短传和边路进攻来牵制对手,同时避免在前场进行过度的个人突破,减少失球的风险。

在领先保守战术中,球队还需注意保持适当的进攻威胁。这意味着在确保防守稳固的同时,依然需要保留一定的前场球员,以利用对手推进攻势时可能留下的空当进行快速反击。这种策略的目的在于让对手在攻势时不敢过于投入,从而间接保护了自己的防线。

特殊情况下的战术应对要求教练和球员具备高度的战术理解和应变能力。无论是面对少打多的不利局面,还是在领先时采取保守策略,都需要球队能够迅速调整战术,以最合适的方式应对比赛的变化。这不仅考验着球队的战术训练和球员的技术能力,还体现了球队作为一个整体的心理素质和团队协作能力。在足球这项充满不确定性的运动中,能够有效应对特殊情况的球队,往往能在关键时刻掌握比赛的主动权,从而取得最终的胜利。

四、模拟比赛与战术演练

模拟比赛与战术演练是青少年足球培养中不可或缺的环节,通过这种方式,球员们能够在实战环境中加深对战术运用的理解和实践。这种训练方法不仅能够提升球员的技术技能，还能增强他们对比赛节奏的掌握、战术变化的应对以及团队合作的协同，是构建球员综合能力的重要手段。

模拟比赛的设计与执行需要教练团队具备高度的专业知识和丰富的实战经验。首先，教练需要根据球队的实际情况，包括球员的技术特点、身体条件以及战术理解能力，设计出符合球队发展需要的模拟比赛方案。这个方案要能够模拟真实比赛的各种情况，如对手的战术布置、比赛节奏的变化等，从而使球员在模拟的环境中学习如何应对不同的比赛场景。

在模拟比赛中，教练要注重战术演练的实施，这包括对球员在特定战术体系下的位置安排、移动路线、传球选择等的指导。通过详细的战术布置和反复的演练，球员能够逐步理解并掌握战术意图，提升他们在比赛中的应变能力。此外，教练还需要在模拟比赛中不断调整战术，引导球员学会根据比赛的实际情况灵活调整战术布局，从而提高球队整体的战术灵活性和应对多变战局的能力。

模拟比赛的另一个重要方面是反馈与总结。比赛结束后，教练团队应当收集比赛数据，包括球员的移动轨迹、球权转换、射门次数等，通过数据分析找出球队在战术执行中的不足之处。同时，教练应当组织球员进行比赛回顾，通过视频回放等方式，让球员直观地看到自己在比赛中的表现，包括优点和需要改进的地方。通过这种方式，球员可以更加深刻地理解战术的运用和比赛的实际情况，为他们提供改进的方向。

除了技术和战术的训练，模拟比赛还是培养球员比赛心理、团队精神和竞技态度的良好机会。在模拟的比赛环境中，球员会经历赢得比赛的喜悦和输掉比赛的沮丧，这些经历对于他们建立正确的竞技心态、增强心理韧性有着重要的作用。教练应当利用这些机会，教育球员如何在比赛中保持冷静、如何面对失败和挑战，这对于球员的长期发展至关重要。

五、视频分析在战术训练中的应用

在现代足球训练和比赛中，视频分析工具已经成为提升战术执行效率的关键技术手段。通过对训练和比赛的高质量视频录像进行深入分析，教练和球员能够更加精确地理解和改善团队的战术执行，从而达到提升整体表现的目的。视频分析不仅帮助球队揭示对手的弱点，也能够提供关于自身表现的宝贵反馈，这对于战术训练的优化至关重要。

首先，视频分析工具使教练团队能够详细回顾球队在比赛中的每一次移动、传球和射门，以及球员的位置选择和移动路线。通过对比赛录像的逐帧分析，教练可以准确识别出球队在执行既定战术时的不足之处，比如在进攻组织、防守转换、定位球防守和执行反击战术等方面。此外，视频分析还能揭示球员之间的配合问题，如传球选择的不合理、跑位的不协调等，这些都是传统观察方法难以细致捕捉的细节。

通过这种深入的视频回顾，教练团队能够制定出针对性的训练计划来强化球队的战术理解和执行能力。例如，如果分析发现球队在高压逼抢中回收速度不够快，教练就可以专门设计训练练习来提高球员的反应速度和体能状态。同样，如果视频分析显示球队在利用边路攻击时效果不佳，那么接下来的训练就可能会重点模拟边路进攻的场景，强化球员在这一方面的理解和技能。

此外，视频分析工具还提供了一种有效的方式来研究对手的战术布局和习惯动作。通过仔细观察对手的比赛录像，教练和球员可以识别出对方的战术模式、关键球员的特点以及潜在的弱点。这样的信息是非常宝贵的，因为它可以帮助球队在比赛前制定出更加有针对性的战术策略，从而在心理和战术层面占据先机。

视频分析在战术训练中的另一个重要应用是通过模拟对手的战术来为即将到来的比赛做准备。教练团队可以利用视频分析工具提取出对手的典型战术动作和布局，然后在训练中模拟这些场景，让球员们提前适应对手的战术风格。这种方法能够显著提高球队的适应能力和比赛智慧，使球员们在实际比赛中能够更加镇定和自信地应对对手的战术变化。

随着技术的进步，现代视频分析工具已经能够提供越来越多的高级功能，如自动追踪球员和球的运动、生成热图以显示球员活动的区域、计算控球时间和传球成功率等。这些高级分析功能不仅可以为教练提供更加丰富和详细的数据支持，也使球员能够更加直观地理解自己在场上的表现和改进的方向。

总之，视频分析在现代足球战术训练中发挥着不可替代的作用。它通过提供详细的视觉和数据分析，帮助教练和球员深入理解战术执行的细节，识别并改进不足之处，从而显著提高球队的整体表现。随着技术的不断发展，视频分析工具的应用将更加广泛和深入，为足球训练和比赛提供更加强大的支持。

第二节　青少年足球团队合作培养策略

一、团队精神的培养基础

在足球这项运动中，团队精神不仅是取得胜利的重要因素，更是一种价值观的体现，它超越了简单的比分胜负，深深植根于球员的心中，影响着他们的行为和态度。团队精神的培养是一个系统性的过程，需要教练员、球员以及整个俱乐部共同努力，通过多种方式和手段，逐步构建起强大的团队凝聚力和共同目标意识。

团队精神的培养基础在于共同的目标和愿景。在足球训练和比赛中，明确团队的目标是极其重要的。这些目标不仅仅是赢得比赛，更包括技术提升、团队合作、个人发展等多方面。教练需要与球员共同确定这些目标，并确保每个人都认同并为之努力。这种共识的形成，是团队精神培养的基石，它能够激发球员的归属感和责任感，让他们为了共同的目标齐心协力。

足球训练中的各种团队活动和练习也是培养团队精神的有效方式。通过设计需要团队合作才能完成的训练项目，比如传球配合、战术演练等，球员可以在实践中学习如何相互支持、沟通和协作。这些活动不仅提升了球员的技术水平，更重要的是增强了他们之间的信任和默契。在这个过程中，每个球员都能感受到自己是团队不可或缺的一部分，从而增强团队意识。

教练员在培养团队精神方面扮演着至关重要的角色。一方面，教练需要通过自己的行为为球员树立榜样，展现出团队至上的精神。他们的言行举止、对待比赛的态度、处理问题的方式都会对球员产生深远的影响。另一方面，教练还需要采取积极的沟通策略，鼓励球员之间的相互尊重和理解，及时解决团队内部的矛盾和分歧，营造一个和谐、积极的团队氛围。

团队建设活动也是培养团队精神的重要环节。除了日常的足球训练，组织一些非足球活动，如团队建设游戏、户外拓展、团队晚餐等，可以加强球员之间的情感联系，让他们在轻松愉快的环境中加深了解和友谊。这种情感上的联系是团队精神的另一个重要维度，它能够让球员在场上更加无私地传球、更加勇敢地拼抢。

二、沟通与协作：团队合作的关键要素

在当代社会，无论是企业管理、体育竞赛还是科学研究，团队合作都被认为是成功的关键因素之一。有效的沟通和密切的协作是提升团队合作效率不可或缺的要素。它们之间的关系密切且相辅相成，共同构建了团队协作的基础。通过深入分析这两个要素对团队合作效率的影响，我们可以更好地理解其重要性，并探索如何在实际工作中加以应用和提升。

有效沟通是团队合作的基石。它涉及信息的清晰传达、意见的开放交流以及情感的共享。在团队合作中，每个成员都应当能够自由表达自己的观点和想法，同时也能倾听并理解他人的意见。这种相互理解的过程有助于消除误解和冲突，促进共识的形成。例如，在一个项目团队中，如果项目经理能够清晰地向团队成员传达项目目标、任务分配和期望成果，团队成员就能更准确地理解自己的角色和责任，从而有效地协同工作。反之，如果沟通不畅，信息传递出现偏差，就可能导致任务执行不到位，甚至团队内部出现分歧，严重影响团队的工作效率和成果质量。

密切协作则是团队合作的动力。它要求团队成员之间不仅要在工作上相互协助，还要在情感上相互支持。密切协作能够激发团队成员的创造力和潜能，促进知识和技能的共享，加强团队的凝聚力和战斗力。在密切协作的环境中，团队成员更愿意为共同的目标付出努力，即使面临挑战和困难也能够团结一致，共同寻求解决方案。在一支足球队中，队员之间的密切协作体现在场上的无球跑动、传球配合以及防守互补上。只有当队员们能够密切协作，才能发挥出整体的战斗力，取得比赛的胜利。

有效沟通和密切协作之间存在着密切的联系。有效沟通可以为密切协作创造

良好的环境和基础。当团队成员之间能够进行开放而诚实的沟通时，就能够建立起相互信任和尊重的氛围，这为密切协作提供了土壤。反过来，密切协作的实践也能促进团队成员之间的沟通。在球队中，团队成员通过不断的互动和配合，会逐渐学会如何更有效的沟通，如何在沟通过程中更好地理解和支持彼此。

然而，要实现有效沟通和密切协作并非易事。它需要团队领导者和成员共同努力，创造一个开放、包容和尊重的团队文化。团队领导者应当通过自己的言行为团队树立榜样，鼓励团队成员之间的沟通和协作，及时解决沟通不畅和协作障碍。此外，还可以通过团队建设活动、培训工作坊等方式，提升团队成员的沟通技巧和协作能力。在全球化和信息化的今天，团队合作越来越成为工作和生活的常态。有效沟通和密切协作作为提升团队合作效率的关键要素，其重要性不言而喻。通过持续地优化沟通机制和协作模式，我们可以构建更加和谐高效的团队，共同实现更加辉煌的成就。

三、角色认知与分工明确

在足球这项团队运动中，每个球员的角色认知和分工的明确性是决定球队表现的关键因素之一。理解并承担自己在球队中的角色，不仅能够提升个人的技能和表现，还能促进整个团队的协作和效率。在这方面，教练员和管理团队扮演着至关重要的角色，他们需要通过一系列的战略和技术手段来确保每个队员都能明确自己的职责，从而为球队创造最大的价值。

首先，角色认知的建立需要一个全面深入了解球员的过程。这意味着教练需要评估每个球员的技术水平、身体条件、心理状态和战术理解能力。通过这样的评估，教练能够为球员分配最适合他们的角色和职责。例如，速度快、控球稳定的球员可能更适合担任边锋，而具有良好视野和传球能力的球员则可能更适合担任中场组织者的角色。通过确保球员处于他们最擅长的位置，团队能够发挥出最大的潜能。

明确分工的过程中，沟通起着不可替代的作用。教练和管理团队需要与球员进行充分的沟通，确保每个人都明白自己的角色以及这一角色对于团队成功的重要性。这包括定期的个别会谈和团队会议，其中不仅讨论技术和战术方面，还包括球员角色和职责的讨论。通过这种方式，球员不仅可以清晰地了解自己的任务，还能理解其他队友的角色和如何与他们协作。

为了进一步加强角色认知和分工明确，实战演练是不可或缺的一环。通过模拟比赛和特定的训练练习，球员们可以在实战中体验自己的角色，并学习如何与其他位置的球员协同工作。这种类型的训练有助于加深球员对自己角色的理解，同时也能提高球队整体的战术灵活性和应变能力。

除了技术和战术训练之外，建立一个积极的团队文化也是非常重要的。一个支持和尊重每个成员角色的环境，可以激励球员更好地履行自己的职责。教练和团队领导者应该通过表扬团队合作的重要性和每个人贡献的价值，来鼓励球员们相互支持和协作。团队活动和建设也是增强团队凝聚力和角色认同感的有效方式。

最后，对于角色的持续评估和调整同样重要。随着赛季的进行，球员们可能会有所进步，或者团队的战术需求可能会发生变化。教练团队需要定期重新评估每个球员的表现和团队的战术布局，必要时调整球员的角色和职责。这种灵活性和适应性是保持团队竞争力和提高球员个人发展的关键。

四、决策能力与场上自主权

培养球员的独立决策能力以及提高他们在比赛场上的自主应变能力是任何一支足球队都需要着重关注和努力培养的重要方面。这不仅仅是为了提高球队整体的竞技水平，更是为了培养出在压力下能够自信、果断地做出正确决策的球员，从而更好地应对比赛中的各种情况。

要培养球员的独立决策能力，需要从基础开始。在训练中，教练应该鼓励球员们主动参与讨论和决策，而不是一味地听从指导。这可以通过在训练中设立一些情境让球员们自行决定应该如何应对来实现。例如，在模拟比赛情景下，让球员们自主选择战术、位置以及策略，然后观察并讨论各种选择的优劣之处，从而帮助他们更好地理解比赛中的决策过程。

重视个体训练与技术细节。培养独立决策能力的一个重要前提是球员们必须具备足够的技术水平，才能够在比赛中灵活应对各种情况。因此，教练需要注重个体训练，帮助球员们不断提升自己的技术水平，包括控球、传球、射门等方面。

只有掌握了这些基本技能，球员们才能够在比赛中更自信地做出正确的决策。

创造多样化的训练环境也是培养球员独立决策能力的关键。训练中的情景应该尽可能地贴近实际比赛，并且具有一定的变化性，这样球员们才能够在不同的情况下培养出适应能力和灵活性。例如，可以通过小组对抗、模拟比赛等形式来训练球员的应变能力，让他们在不同的局面下学会快速做出正确的决策。

另外，重视心理素质的培养也是培养独立决策能力的重要一环。在比赛中，球员们往往面临着各种各样的压力和挑战，只有具备良好的心理素质，才能够在关键时刻保持冷静，并做出正确的决策。因此，教练需要注重培养球员们的自信心、意志力以及应对压力的能力，通过各种心理训练方法，帮助他们建立起积极健康的心态。

要营造一种积极的团队氛围，鼓励球员们相互之间的合作与沟通。在比赛中，很多时候需要球员们共同协作才能够做出正确的决策，因此，团队合作精神和沟通能力同样是非常重要的。教练可以通过组织团队建设活动、加强队内交流等方式，培养球员们的团队意识和合作精神，从而提高他们在比赛中的整体表现。

综上所述，培养球员的独立决策能力以及提高他们在比赛场上的自主应变能力是一个系统而复杂的过程，需要教练和球员们共同努力。通过从基础训练、个体技术、多样化训练环境、心理素质培养以及团队合作等方面着手，才能够全面提升球员们的整体水平，使他们在比赛中能够应对各种情况，并做出正确的决策。

五、信任与支持：构建积极的团队文化

在足球团队中建立相互信任与支持的文化是确保团队稳健发展和取得成功的关键。这种文化不仅促进了球员之间的合作，还提高了整个团队的凝聚力和战斗力。

信任是建立在相互尊重和透明沟通基础上的。在足球队中，球员和教练之间、球员之间、教练之间必须建立起相互信任。教练需要展现出对球员的信任，相信他们的能力和潜力，并为他们提供支持和指导。而球员则需要相信教练的决策和战术安排，愿意接受并执行教练的指示。同时，球员之间也需要建立起相互信任，

相互支持，团结一致地面对比赛中的挑战和压力。只有建立了这种相互信任的基础，球队才能在困难时期保持凝聚力，共同面对困难，取得胜利。

支持是团队文化中不可或缺的一部分。支持不仅体现在赛场上的配合和帮助，也包括在日常训练和生活中的关心和帮助。在足球队中，球员需要互相支持，共同进步。无论是在训练中还是比赛中，球员之间都应该相互激励，互相帮助。在困难时期，队友们应该给予彼此鼓励和支持，共同克服困难，努力取得成功。而教练也需要给予球员充分的支持，关心他们的成长和发展，帮助他们克服困难，实现自己的梦想。

另外，团队文化的建立还需要注重建立良好的沟通机制。在足球队中，有效的沟通是保持团队凝聚力和战斗力的关键。教练需要与球员保持密切的沟通，及时传达战术安排和比赛计划，听取球员的意见和建议。而球员之间也需要保持良好的沟通，及时交流彼此的想法和感受，共同解决问题，避免矛盾和误解。通过开放和透明的沟通，团队成员之间可以更好地理解彼此，增进信任和支持，提高团队的战斗力和竞争力。

此外，团队文化的建立还需要注重培养团队精神和集体荣誉感。在足球队中，团队精神是战胜一切困难的动力源泉。教练需要倡导团队精神，强调团队合作的重要性，鼓励球员们团结一致，共同为球队的荣誉而奋斗。而球员们也需要树立集体荣誉感，将个人利益服从于团队利益，为团队的成功而努力奋斗。只有通过培养团队精神和集体荣誉感，球队才能在关键时刻团结一致，取得最终的胜利。

综上所述，要在足球团队中建立相互信任与支持的文化，需要教练和球员共同努力。通过建立信任、提供支持、加强沟通、培养团队精神和集体荣誉感等方式，可以有效地促进积极的团队环境，提高球队的战斗力和竞争力，取得更好的成绩。

第五章　心理素质培养

在当代社会，足球不仅是一种竞技活动，更是一种文化和精神的体现。随着足球事业的不断发展，人们开始更加关注足球运动员的全面培养，特别是青少年足球运动员的成长过程中心理素质的培养。在众多影响足球运动员成长的因素中，心理素质无疑占据着极其重要的地位。它关系到运动员能否在高压力的竞技环境中保持最佳状态，能否在面对失败和挫折时迅速调整心态，以及能否在关键时刻展现出超常的表现。

第五章《心理素质培养》旨在深入探讨和分析青少年足球运动员心理素质培养的，发展特点，以及有效的训练方法和实施措施。本章首先从青少年足球运动员心理素质的发展特点入手，探讨在竞技足球的高压环境下，青少年运动员面临的心理挑战和成长的需要。随着竞技水平的提高，青少年运动员不仅要面对技术和体能的挑战，更要面对心理压力的考验，这要求他们具备良好的心理适应能力和韧性。其次，本章将详细阐述青少年足球心理训练的方法和内容，包括但不限于目标设定、自我对话、注意力控制和情绪管理等方面。这些训练方法旨在帮助青少年足球运动员建立积极的心态，提高心理调节能力，从而更好地应对比赛中的各种压力和挑战。最后，本章将讨论心理素质培养的实施措施和效果评估，包括如何根据青少年运动员的具体需求设计心理训练计划，以及如何评估心理训练的效果，确保训练计划的实施能够真正帮助运动员提升心理素质，进而在比赛中发挥出最佳水平。

总之，心理素质的培养是青少年足球运动员成长过程中不可或缺的一环。通过系统的心理训练，不仅可以帮助运动员在技术和体能之外建立竞技优势，更能够培养他们成为具有强大心理素质的全面运动员。本章的研究旨在为青少年足球培训提供科学、系统的心理素质培养方案，为青少年足球运动员的全面发展奠定坚实的基础。

第一节 青少年足球心理素质的发展特点

一、心理成长的阶段性特征

青少年运动员的心理发展是一个复杂而渐进的过程，它涉及个体在不同年龄阶段的心理素质、情感、认知以及社会交往能力的成长与变化。在足球训练中，教练员和培训机构必须充分理解这些阶段性特征，以便实施更为有效的培养策略，从而促进青少年运动员的全面发展。

在青少年时期，运动员的心理成长可以大致划分为三个主要阶段：早期青少年（大约 12—14 岁）、中期青少年（大约 15—17 岁）和晚期青少年（大约 18—20 岁）。每个阶段的心理特征都有其独特性，对足球训练的影响也各不相同。

（一）早期青少年阶段

早期青少年阶段的运动员正处于身体快速成长的时期，这一时期的心理特征包括好奇心强、求知欲旺盛，但同时也伴随着情绪波动和自我意识的增强。这个阶段的青少年对于批评和失败的反应可能较为敏感，容易感到沮丧或是挫败。在足球训练中，教练应该采用鼓励和支持的方式，帮助运动员建立自信，同时通过设置可实现的目标来增强他们的成就感。训练内容应该兼顾技能的学习和趣味性，以保持运动员的兴趣和参与度。

（二）中期青少年阶段

进入中期青少年阶段，运动员开始展现出更高的认知能力和社会意识。他们开始更加关注团队合作和社交互动，同时也能够更好地理解复杂的战术和策略。这一时期的心理特征还包括对公正和独立性的追求，青少年运动员开始更加关注个人在团队中的角色和地位。足球训练应该强调团队精神和合作，同时也要给予运动员一定的自主权，让他们参与到训练计划和决策过程中来。此外，教练还应该教授运动员如何管理压力和情绪，培养其面对竞赛和挑战时的心理韧性。

（三）晚期青少年阶段

到了晚期青少年阶段，运动员的心理成熟度进一步提高，他们拥有更强的自我管理能力和目标导向性。这一阶段的特征包括对未来职业生涯和个人目标的深思熟虑，以及对自我身份和价值观的进一步探索。在这个阶段，足球训练中不仅要继续提高技术和战术水平，还应该重视运动员的心理调适和生涯规划。教练可以通过一对一的辅导会谈，帮助运动员设定长期目标，同时教授他们应对高强度竞赛压力的策略。此外，为运动员提供关于职业发展的指导和资源也非常重要，帮助他们为未来的足球生涯或其他职业道路做好准备。

在整个青少年阶段，运动员的心理成长是与他们的足球技能发展密切相关的。教练和培训机构必须认识到心理素质的培养同技术训练一样重要。通过理解和应对青少年运动员在不同发展阶段的心理特征，可以更有效地促进他们的成长，帮助他们在足球场上和场下都能实现自己的最大潜力。这不仅涉及技术和战术的训练，更重要的是，要培养运动员的心理韧性、团队精神以及对挑战的积极态度，这些都是他们走向成功的关键因素。

二、压力源的识别与应对

在青少年足球运动员的成长过程中，他们不仅要面对技术和体能的挑战，还必须应对来自多方面的心理压力。这些压力源极大地影响着他们的心理发展和竞技表现。为了更好地理解和支持这些年轻运动员，我们需要深入分析他们面临的主要压力源，包括竞赛压力、同伴压力、期望压力等，并探讨这些压力对其心理发展的影响。

竞赛压力是青少年足球运动员最直接面对的压力之一。这种压力源自对比赛结果的不确定性和对失败的恐惧。运动员常常担心自己的表现可能不足以帮助球队取胜，或者个人的错误可能导致球队失利。这种压力会导致运动员在比赛中过度紧张，影响他们的决策和技术发挥，甚至导致心理障碍如焦虑和抑郁。长期处于这种状态，不仅会影响运动员的竞技水平，还可能对他们的心理成长产生负面影响，如自尊心受损和动机下降。

同伴压力也是不可忽视的因素。在青少年阶段，个体对同伴的认同感和归属感需求极强。在足球队这样的集体中，队友之间的竞争和支持会同时存在。运动员可能会因为担心无法获得队友的认可和尊重而感到压力。此外，团队内部的竞争关系也可能导致压力，尤其是在争夺主力位置时。同伴压力可能会促进运动员的成长，激发他们的竞争意识和团队精神，但如果处理不当，也可能导致群体排斥、孤立感增强，以及自我价值感的下降。

期望压力通常来源于教练、家长以及运动员自身。教练和家长对青少年运动员的高期望可能会被运动员理解为一种压力，他们可能会担心自己无法达到这些期望，从而感到焦虑和沮丧。自我期望压力也同样重要，许多青少年运动员对自己有着极高的要求，不断追求完美，害怕任何形式的失败。这种不断追求高标准的心态，虽然可以促进技术和心理的成长，但过度的期望压力会导致恐惧、犹豫和决策迟疑，影响运动表现和心理健康。

面对这些压力，青少年足球运动员需要学习有效的应对策略。首先，对于竞赛压力，重要的是培养正面的比赛心态，将比赛视为展示自己能力的机会，而不是一场必须赢得的战斗。学习放松技巧，如深呼吸、正念冥想等，可以帮助运动员在比赛中保持冷静，减轻紧张感。对于同伴压力，建立良好的团队文化和沟通机制至关重要。教练和队长应鼓励开放、支持性的交流环境，帮助运动员表达自己的担忧和需求，从而减少误解和压力。至于期望压力，教练和家长需要与运动员建立真诚的对话，设定合理的目标，并强调过程的重要性而非仅仅关注结果。

总而言之，青少年足球运动员面临的心理压力是多方面的，不仅包括竞赛本身的压力，还有来自同伴、教练、家长乃至自我内心的期望压力。这些压力对运动员的心理发展有着深远的影响。因此，识别和应对这些压力源是支持青少年足球运动员健康成长的关键。通过建立积极的心理应对机制和健康的社交环境，我们可以帮助他们更好地管理压力，促进其在竞技和心理上的全面发展。

三、心理韧性的形成过程

心理韧性是指个体面对压力、挑战、失败或任何形式的逆境时，能够保持积极态度，迅速恢复并继续前进的能力。在青少年足球运动员的成长过程中，心理韧性不仅是其个人发展的重要组成部分，也是其运动表现和职业生涯成功的关键因素。

青少年时期是个体心理和生理迅速发展的阶段，也是心理韧性形成和发展的关键时期。足球运动员在这一阶段面临的挑战繁多，包括技术技能的提升、比赛的压力、伤病的风险以及学业和运动之间的平衡等。这些挑战不仅考验着运动员的身体素质，更考验着他们的心理韧性。

心理韧性的形成是一个复杂的过程，它涉及多个方面的因素，包括个体的性格特质、社会支持系统，以及面对逆境时的认知和情绪调节策略。研究表明，具有高度自我效能感、乐观主义和目标导向等性格特质的青少年足球运动员，更容易培养出较强的心理韧性。此外，来自家庭、教练和队友的社会支持也对心理韧性的形成起到了至关重要的作用。支持性的社会环境可以帮助运动员建立积极的自我认知，提供面对挑战时所需的资源和鼓励，从而增强他们的心理韧性。

认知和情绪调节策略是心理韧性形成的另一个重要方面。青少年足球运动员需要学会如何正面应对挑战和压力，如何合理解读失败和挫折，以及如何保持积极和乐观的心态。这些能力的培养，不仅能帮助运动员在遭遇逆境时迅速恢复，还能促进其在运动表现和个人发展上的持续进步。

那么，如何通过训练加强青少年足球运动员的心理韧性呢？首先，教练和心理辅导员可以通过心理技能训练来帮助运动员发展积极的思维习惯和应对策略。例如，通过目标设定、自我对话和情绪调节技巧的训练，运动员可以学会如何设定实际可行的目标，如何在面对困难时保持积极和乐观，以及如何有效管理自己的情绪。

其次，建立一个支持性的团队文化也至关重要。教练和队员之间的良好沟通，以及队内的相互支持和鼓励，可以创建一个积极的环境，有利于运动员心理韧性的形成和发展。此外，通过模拟比赛中的压力情境，运动员可以在安全的环境中学习如何应对压力和挑战，从而逐步建立和加强心理韧性。

最后，重视运动员的个人发展和福祉同样重要。教练和心理辅导员应当关注运动员的学业、人际关系以及心理健康等方面的问题，帮助他们在生活的各个方面都能找到平衡。通过全面关注运动员的发展，不仅能够促进其心理韧性的形成，还能帮助他们成为更加全面发展的个体。

总之，心理韧性的形成是一个多方面、多层次的过程，它要求青少年足球运动员、教练、心理辅导员以及家庭等多个方面的共同努力。通过有意识地培养和加强心理韧性，青少年足球运动员不仅能够更好地应对运动生涯中的挑战和压力，还能在个人发展和职业生涯中取得更大的成功。

四、自我意识的培养

在青少年足球运动员的心理素质培养中，自我意识的培养扮演着至关重要的角色。自我意识是个体对自己的行为、情感、思想以及这些方面如何影响他人的认识和理解。它包括了多个层面，如自我观察、自我评价、自我效能感等，这些层面共同构成了运动员的心理核心，影响着他们的表现、成长和发展。

在竞技体育，尤其是足球这种团队运动中，自我意识的培养不仅有助于运动员了解自己在场上的角色和职责，还能够帮助他们认识到自己的情绪状态如何影响比赛的表现和团队的氛围。一个拥有高度自我意识的运动员能够更好地掌握自我调节的技巧，如情绪控制、压力管理等，从而在高强度的比赛中保持最佳状态。

自我评价是自我意识的一个核心组成部分，它涉及个体对自己能力和表现的评估。在青少年足球运动员的培养中，正确的自我评价能够帮助运动员清晰地认识到自己的优势和不足，这对于他们的技术提升和心理调整至关重要。通过定期的自我反思和评价，运动员可以更加客观地看待自己的表现，从而制定出更加有效的训练计划和比赛策略。

自我效能感，即个体对自己完成特定任务或达成目标的能力的信念，是另一个关键的心理素质。在足球运动中，高自我效能感的运动员更有可能在面对困难和挑战时展现出坚持不懈的努力，他们相信自己能够通过努力克服困难，实现目标。自我效能感的形成受到多种因素的影响，包括过去的成功经验、他人的鼓励和支持、自身的情绪状态等。因此，青少年足球训练中不仅要注重技术和战术的训练，还要通过正向反馈、目标设定等方式增强运动员的自我效能感。

自我意识的培养对于青少年足球运动员来说是一个动态且持续的过程。这一过程不仅需要教练的指导和支持，还需要运动员本人的积极参与。教练可以通过定期的个别会谈、心理工作坊、反馈会议等方式，帮助运动员发展自我观察的能力，引导他们进行有意义的自我评价，从而增强自我效能感。同时，教练还可以创建一个支持性的团队环境，鼓励运动员之间的相互支持和正面反馈，这不仅有助于增强个体的自我意识，也有助于提升整个团队的凝聚力和战斗力。

五、团队合作与社会支持的作用

在青少年足球培养过程中，除了技术技能和身体素质的提升之外，团队合作精神和社会支持网络对于运动员的心理发展也起着至关重要的作用。这些社会心理因素不仅影响着运动员的即时表现，更深刻地塑造着他们的性格、心态以及未来的发展轨迹。在竞争激烈的体育世界中，心理素质往往成为决定运动员是否能够持续进步、面对挑战并最终实现自我超越的关键因素。

团队合作精神是足球这项集体运动的核心要素。对青少年运动员而言，团队合作不仅意味着在场上的配合和互助，更是一种深入骨髓的价值观，教会他们如何在集体中找到自己的位置，如何为了共同的目标付出努力。这种精神的培养对于青少年的心理发展具有深远的意义。首先，它能够增强运动员的社交能力，使他们在与队友的交流和合作中学会倾听、尊重和理解，这对于形成积极的人际关系至关重要。其次，团队合作能够提升运动员的自信心和归属感。当一个运动员意识到自己是团队不可或缺的一部分时，他的自我价值感将得到显著提升，这种积极的自我认知是心理健康的基石。最后，团队合作精神还能够帮助运动员在面对失败和挑战时保持坚韧不拔的心态。在团队的支持和鼓励下，运动员能够更容易地克服挫折，坚持不懈地追求卓越。

社会支持网络的作用同样不容忽视。这里的社会支持不仅包括家庭、朋友和教练的支持，还包括学校、俱乐部以及更广泛的社会环境对青少年足球运动员的鼓励和帮助。这些社会资源为运动员提供了一个稳定的成长环境，使他们能够在遭遇困难和压力时获得必要的帮助和指导。家庭的支持对于青少年运动员的心理健康尤为重要。父母和家人的鼓励、理解和关爱能够有效缓解运动员的压力，增强他们面对挑战的勇气和信心。此外，教练和队友的支持也是不可或缺的。一个富有同情心和专业知识的教练能够通过适时的反馈和指导帮助运动员调整心态，提高技能，而队友之间的相互鼓励和支持则构建了一个积极的团队氛围，有助于每个成员的个人成长和团队凝聚力的提升。

在利用这些社会资源促进心理素质成长的过程中，有几个关键点需要注意。首先，需要建立一个开放、包容的沟通环境，鼓励运动员表达自己的感受和需求，从而确保他们能够在遇到问题时能有效沟通及时获得帮助。其次，对于青少年运动员的心理辅导不应仅限于解决问题，更重要的是通过定期的心理健康教育和训练，提前培养他们的应对能力，增强他们的心理韧性。此外，促进家庭、学校和俱乐部之间的良好沟通和协作，形成一个支持青少年足球运动员全面发展的社会环境，也是十分必要的。

综上所述，团队合作精神和社会支持网络在青少年足球运动员的心理发展中扮演着举足轻重的角色。通过有效地利用这些社会资源，不仅可以促进运动员的心理健康和个人成长，还能够帮助他们在足球这条道路上走得更远，实现自己的梦想。因此，对于教练员、教育工作者以及所有关心青少年足球发展的人而言，理解并积极应用团队合作与社会支持的原则，对于培育未来的足球明星具有重要的指导意义。

第二节　青少年足球心理训练的方法和内容

一、目标设定技巧

在青少年足球培养过程中，目标设定是一项至关重要的技巧，它不仅能够帮助年轻球员清晰地认识自己的发展方向和努力目标，还能够有效提升他们的训练动力和比赛表现。有效的目标设定技巧涵盖了短期和长期目标的制定，同时也是心理训练中不可或缺的一部分。在深入探讨如何为青少年足球运动员设定目标之前，我们首先需要了解目标设定的基本理论和原则。

目标设定理论认为，明确具体的目标能够提高个人的动机，促进行为的指向性和持续性，最终帮助个体实现预期成就。在足球训练和比赛中，这意味着球员能够更加专注于个人技能和团队战术的提升，从而在竞技水平上取得显著进步。

首先，目标设定应遵循 SMART 原则，即目标应具体（Specific）、可衡量

（Measurable）、可达成（Achievable）、相关性（Relevant）以及时限性（Time-bound）。通过设定遵循这一原则的目标，青少年球员能够更清楚地了解自己需要达成的具体任务，评估自身水平，并在合理的时间内实现目标。

在为青少年足球运动员设定短期目标时，应关注于技术和战术技能的具体提升，如在接下来的一个训练周期内提高传球的准确率、增强控球技巧或者提升射门技能。短期目标的设定应当具体明确，易于评估，这样球员可以在达成目标后获得即时的成就感和满足感，增强自信心和动力。同时，短期目标还应当鼓励球员专注于当前训练，逐步提升技术水平。

长期目标则更多地关注于球员的整体发展和职业规划，比如成为球队的主力球员、参加国家级别的比赛或者获得职业球队的选中。长期目标的设定需要考虑球员的个人兴趣、技能特点及潜在发展空间，同时要具有挑战性，激励球员持续努力，不断超越自我。为了确保长期目标的有效性，教练和球员应定期回顾目标的进展情况，并根据需要进行调整，以适应球员成长过程中的变化。

首先，目标设定能够帮助青少年足球运动员确立一个明确的发展蓝图。长期目标通常指的是球员希望在未来几年内达到的成就，比如加入专业足球俱乐部的青年队，或者代表国家队参加比赛。而短期目标则更加具体和清晰，如提高某项技能的水平，或者在下一场比赛中实现个人的最佳表现。这些目标不仅需要具体、可衡量，还应该是球员真正渴望达成的，以激发他们的内在动力。

除了目标的设定，目标实现的过程中对心理状态的管理也至关重要。在心理训练中，目标设定不仅仅是一个提高技术水平的工具，它还是提升球员心理韧性和自我效能感的关键。当球员设定了个人目标并为之努力时，他们会学习到如何处理失败和挫折，并从中吸取教训，这对于他们的心理成长和比赛表现都是非常有益的。

为了确保目标设定技巧能够有效实施，教练和心理顾问需要与球员紧密合作，帮助他们识别和设定合适的目标，并提供持续的支持和反馈。这包括定期检查目标的进展，以及必要时对目标进行调整，以确保它们仍然具有挑战性和可行性。此外，通过分享成功故事和案例分析，可以增强球员对目标设定价值的认识，从而进一步提升他们实现目标的决心和信心。

在实践中，目标设定还应该包括团队目标，因为足球是一项团队运动。团队目标的设定能够增强球员之间的凝聚力和合作精神，促进个人目标与团队目标的和谐统一。例如，一个团队的目标可能是"在本赛季结束时赢得联赛冠军"，而个人目标则可以是"为实现团队目标，我将在每场比赛中至少完成两次有效助攻"。这种个人目标与团队目标的结合，不仅能够促进球员个人技术和心理素质的提升，还能够增强整个团队的竞争力。

二、自我对话策略

自我对话，作为一种心理策略，对于运动员的心理状态和表现有着深远的影响。这一策略涉及运动员与自己进行内部对话，通过这种对话影响其认知、情绪和行为。在高压力的竞技体育环境中，自我对话成为运动员调整心态、提升表现的重要途径。

正面自我对话和应对消极思维是自我对话策略中的两个核心要素。正面自我对话包括鼓励性的话语、目标导向的思维以及解决问题的态度，这些都对提升运动员的自信心、集中注意力和促进良好表现至关重要。相反，消极思维，如对失败的恐惧、自我怀疑和压力感的放大，可能会损害运动员的表现，导致注意力分散、动机下降和技能执行不佳。

在竞技体育中，运动员经常面临巨大的压力，这些情况可能来自比赛的重要性、对手的强度或是来自外界的期望等因素。在这样的环境下，积极的自我对话可以帮助运动员维持稳定的心理状态，通过自我鼓励和正向思维，运动员能够保持专注，减少紧张和焦虑，从而更好地应对比赛的压力。例如，一个运动员可能会对自己说："我已经为这一刻准备了很久，我有能力做到最好。"这样的正面自我对话有助于建立自信，激发内在的动力。

然而，消极思维往往在不经意间影响运动员的心理，尤其是在面临失败或挑战时。这时，运动员需要有意识地采用策略来应对和转化这些消极思维。一种有效的方法是认识到消极自我对话的存在，并主动将其转换为积极的对话。这需要运动员练习自我觉察，学会在消极思维出现时立即识别并用正面信息进行替换。例如，将"我做不到"转变为"我可以尝试用不同的方法来解决这个问题"。

此外，目标设置也是正面自我对话的一个重要方面。通过设定具体、可达成的目标，运动员可以将注意力集中在可控的行为上，而非过分关注结果。这样的策略有助于减少压力和焦虑，因为焦点转移到了过程上，运动员可以通过自我对话来提醒自己关注当前的任务，而不是担心可能失败的结果。

应对消极思维的另一个技巧是练习情绪调节。运动员可以通过深呼吸、正念冥想和放松技巧来管理情绪，这些方法可以帮助运动员在遇到挑战时保持冷静和集中注意力。结合积极的自我对话，这些技巧能够有效地减轻心理压力，提高运动表现。

实践中，运动员也可以通过模拟训练来提升自我对话的效果。在训练中创造与比赛相似的压力情境，运动员可以练习使用自我对话来应对这些情境，从而在真正的比赛中更好地运用这一策略。通过不断的练习，积极的自我对话将成为运动员面对压力时的自然反应，从而在关键时刻发挥出最佳表现。

总的来说，自我对话策略对运动员的心理状态和表现有着显著的影响。通过积极的自我对话，运动员可以增强自信、减少焦虑，并提高注意力和表现。同时，学会应对消极思维，运动员可以有效地管理心理挑战，保持良好的心理状态。因此，自我对话不仅是一种心理技能，更是运动员走向成功的重要工具。

三、注意力控制训练

注意力控制训练对于青少年足球运动员来说，是提高比赛表现的关键因素之一。在足球比赛中，运动员不仅需要在高速移动中准确处理球，还要在复杂多变的比赛环境中做出快速判断，这对他们的注意力集中能力和分散注意力的控制提出了极高的要求。因此，通过特定的训练提高青少年足球运动员的注意力控制能力，对于他们的技术提升和比赛表现有着直接的积极影响。

注意力控制训练主要包括两个方面：一是提高注意力的集中能力，即能够在必要时刻将注意力集中到关键的比赛元素上；二是提高分散注意力的控制方法，即在需要时能够迅速转换注意力焦点，对比赛中的多个元素同时保持关注。这两方面能力的培养，需要系统的训练计划和方法。

提高注意力集中能力的训练往往从简到难，逐步增加干扰因素，让运动员在多种情境下练习集中注意力。训练开始阶段，可以在相对静态和单一的环境中进行，例如让运动员在没有外界干扰的情况下专注于球的控制和传递。随后，逐渐增加外界干扰，如音响模拟观众噪声、使用不同颜色的装备作为视觉干扰等，训练运动员在这些干扰中保持对训练任务的高度专注。

分散注意力的控制方法训练，要求运动员学会如何在多个任务或比赛要素之间迅速切换注意力。这种训练通常通过模拟比赛情境来进行，如设计包含多个变量的训练练习，同时要求运动员处理球、观察队友和对手位置、听取教练指令等。例如，可以在小范围比赛中要求运动员在接球前必须先快速扫视场上至少三名队友的位置，这样的练习帮助运动员提高在复杂环境中迅速分配和转换注意力的能力。

在这些训练方法中，反馈机制起到至关重要的作用。教练和训练者应该通过视频回放、数据分析等手段，为运动员提供即时且具体的反馈，帮助他们意识到在注意力控制方面的不足，并针对性地进行改进。此外，心理训练技巧，如放松训练、正念冥想等，也被广泛应用于注意力控制训练中，帮助运动员在高压环境下保持冷静，从而更好地控制注意力。

实施这些训练计划时，个体差异是一个不容忽视的因素。每个运动员对注意力控制的天赋、当前水平以及提升潜力都有所不同，因此训练计划需要具备一定的灵活性和个性化。教练应该根据每位运动员的具体情况，调整训练难度和内容，确保训练效果最大化。

此外，科技的运用在注意力控制训练中扮演着越来越重要的角色。现代技术，如虚拟现实 (VR)、可穿戴设备等，为模拟比赛环境、跟踪运动员注意力分配提供了更多可能。通过这些技术，运动员能够在更加真实的模拟环境中练习注意力控制，同时教练也能通过数据分析，更精确地评估训练效果和运动员的进步。

总之，注意力控制训练是青少年足球运动员训练体系中不可或缺的一部分。通过科学、系统的训练方法，不仅可以显著提高运动员的比赛表现，还能帮助他们在高压环境下保持心理稳定，展现最佳状态。随着科技的进步和训练方法的不断创新，注意力控制训练将继续为青少年足球运动员的成长和发展提供强有力的支持。

四、情绪管理技巧

在足球运动中，情绪管理是一个不可忽视的要素，它对于球员的个人发展、团队合作以及比赛表现都有着深远的影响。情绪不仅影响球员的心理状态，还会直接影响到他们的身体状态和比赛表现。因此，学会有效管理情绪，对于足球运动员来说是一项至关重要的技能。

情绪管理的重要性在于它能够帮助球员在高压力的比赛环境中保持最佳表现状态。足球比赛往往充满不确定性，球员可能会面临失误、受伤、被判罚等不利情况。这些情况都可能激发出强烈的情绪反应，如愤怒、沮丧、恐惧等，如果不能有效管理这些情绪，就可能导致冲动行为，如不必要的犯规、与裁判或对手发生冲突等，这不仅影响个人表现，也会破坏团队的和谐与合作。

情绪管理的第一步是识别情绪。这要求球员具备高度的自我意识，能够准确地认识到自己在特定时刻的情绪状态。在足球训练和比赛中，球员应该学会留意自己的情绪变化，无论是在进球后的兴奋，还是在失误后的挫败感，都应该能够明确地认识到自己的情绪反应。这种自我意识的培养，可以通过日常训练中的反思练习、情绪日记记录等方法来加强。

情绪的表达也是情绪管理的一个重要方面。适当的情绪表达可以帮助球员释放内心的压力，避免情绪积累到影响心理和生理状态的程度。然而，情绪表达并非无限制的发泄，而是要学会以健康和建设性的方式表达情绪。例如，在遇到不公判罚时，球员可以通过冷静地与裁判沟通来表达不满，而不是通过激烈的言辞或行为。同样，在遇到失败或挑战时，积极地与队友沟通、寻求支持，也是一种有效的情绪表达方式。

情绪的调节是情绪管理中最为关键的环节。有效的情绪调节能够帮助球员在面对压力和挑战时，快速恢复到最佳的心理和生理状态。情绪调节的策略包括但不限于深呼吸、正念冥想、目标重定向等。深呼吸是一种简单有效的自我放松方法，它可以帮助球员在紧张的比赛中快速平静下来。正念冥想则能够帮助球员提高对当前情境的注意力集中，减少对过去失误或未来结果的担忧。目标重定向策略，即在遭遇挫折时，将注意力从消极结果转移到下一个可控的目标上，如从失误的沮丧中快速转变到下一次防守或进攻的准备上，这样可以有效减少负面情绪的影响，保持比赛的连贯性和专注度。

综上所述，情绪管理在足球运动中的重要性不言而喻。通过有效的情绪识别、表达和调节，球员不仅能够提升个人的比赛表现，还能够促进团队的和谐与合作，最终实现个人和团队的目标。因此，情绪管理技巧的培养应该成为足球训练的重要组成部分，通过系统的训练和实践，帮助球员在激烈的竞争中保持冷静，展现最佳状态。

五、压力管理与放松技术

在竞技体育的世界中，尤其是足球这项全球观众众多、竞争激烈的运动中，运动员面临的压力是巨大的。对于青少年足球运动员而言，这种压力不仅来源于比赛的胜负，还有来自家长、教练、同伴以及自我期待的多重压力。有效地管理这些压力，采用合适的放松技术，对于运动员的心理健康、比赛表现以及长期发展至关重要。

压力，如果适度，可以激发运动员的潜能，提升其表现。然而，过度的压力则会导致焦虑、失眠、注意力分散，甚至更严重的心理问题，从而影响运动员的表现和健康。因此，学习如何管理和缓解压力，是青少年足球运动员必备的技能之一。

压力管理与放松技术是一门科学，也是一门艺术。它包含了一系列的策略和技巧，旨在帮助运动员认识和控制压力，保持心理的平衡和稳定。以下是一些有效的压力管理与放松技术：

首先，呼吸技巧是最基本也是最直接的放松方法之一。深呼吸可以帮助运动员放慢心跳，降低血压，减轻紧张感。通过专注于呼吸，运动员可以将注意力从压力源转移开，达到放松的效果。一种简单的练习是：深深吸气，慢慢吐气，重复几次。这种方法可以在比赛前、比赛中的间歇，或是比赛后进行，帮助运动员恢复平静。

冥想是另一种有效的放松技术，它通过引导运动员进行深度的内省和专注，达到心灵的平静。冥想可以采取多种形式，如静坐冥想、行走冥想或瑜伽冥想等。

通过冥想，运动员可以学会如何控制自己的思维，减少消极想法，提升正面能量。定期进行冥想练习，对提高比赛注意力、降低焦虑水平有着显著的效果。

正念是一种特别强调"活在当下"的心理状态，它教导运动员如何以非判断性的态度观察自己的感受、思想和身体状态。通过正念训练，运动员可以更好地理解和接受压力，而不是试图逃避或控制。正念练习可以帮助运动员在比赛中保持冷静和专注，即使在极度压力下也能做出正确的判断和反应。

放松训练，如渐进性肌肉放松（PMR）技术，也是十分有效的。这种方法通过有意识地紧张和放松身体的不同肌肉群，帮助运动员意识到紧张与放松的感觉，并学会如何控制肌肉的状态，从而达到全身的放松。通过定期的练习，运动员可以在比赛中更快地识别和缓解身体的紧张状态。

除了上述技术外，建立良好的时间管理习惯、保持健康的生活方式、培养兴趣爱好以及建立支持性的社交网络等，也都是有效管理压力的策略。教练和家长应鼓励运动员探索适合自己的放松技术，并将其融入日常训练和比赛准备中。

总之，压力管理与放松技术的学习和应用，对于青少年足球运动员的心理健康和比赛表现至关重要。通过掌握这些技能，运动员不仅能够在激烈的比赛中发挥最佳状态，还能在运动生涯乃至日常生活中，更好地应对压力和挑战。

第三节　心理素质培养的实施措施和效果评估

一、心理训练计划的设计

设计一个有效的心理训练计划对于青少年运动员的发展至关重要，尤其是在足球这项高度依赖技能、体能和心理状态的运动中。心理训练不仅可以帮助青少年运动员提高比赛中的表现，还能促进他们的个人成长和心理健康。

认识到每个青少年运动员都是独一无二的个体是设计心理训练计划的首要步骤。他们各自拥有不同的背景、性格特质、应对压力的能力以及个人目标。因此，心理训练计划的设计需要从详细的个体评估开始，包括但不限于心理状态的评估、个人和团队目标的设定，以及运动员面临的具体心理挑战。这一评估可以通过一对一的访谈、心理测评工具或与教练和团队成员的讨论来进行。评估的目的是识别每个运动员的心理需求，为制定个性化的训练计划奠定基础。

在收集了关于运动员的详细信息后，接下来的步骤是根据这些信息制定心理训练计划。这一计划需要综合考虑运动员的个体差异、技能水平、心理强度以及他们希望在运动生涯中实现的目标。心理训练计划可能包括目标设定技巧、压力管理技术、注意力控制、心理准备、团队合作和沟通技能的培养等内容。例如，对于容易在比赛中紧张的运动员，训练计划可以包括放松技巧和自我暗示训练；而对于需要提高集中注意力的运动员，则可以加入注意力控制的练习。

心理训练计划的周期安排是另一个关键因素。一个有效的计划应当是动态的，能够适应运动员心理发展的不同阶段。通常，心理训练计划可以分为几个阶段，包括基础训练期、竞赛前准备期、竞赛期以及恢复期。在基础训练期，重点放在建立心理技能的基础上，如增强自信心、设置实现可能的目标以及发展积极的思维模式。竞赛前准备期则更注重于模拟比赛情境下的心理准备，如通过视觉化技巧帮助运动员精神上预演比赛，以及教授他们如何管理赛前紧张情绪。竞赛期的训练计划应侧重于保持心理状态的稳定，包括快速恢复技巧和应对突发事件的策略。最后，在恢复期，心理训练的重点是反思和评估，帮助运动员从经历中学习和成长，同时也为他们提供了调整和放松的机会。

心理训练计划应当是灵活的，能够根据运动员的反馈和进步情况进行调整。这意味着教练和心理顾问需要密切监控运动员的心理状态和表现，以便及时更新训练内容和方法。此外，鼓励运动员参与心理训练计划的设计和评估也是非常重要的，这不仅可以提高他们对训练的投入度，还能帮助他们在心理技能的学习和应用中拥有更大的自主权。

总之，设计心理训练计划是一个复杂但至关重要的过程，它要求教练和心理顾问深入了解每个青少年运动员的独特需求和特点。通过个性化和有针对性的训练计划，以及灵活的周期安排，可以有效地支持运动员的心理发展，帮助他们在运动和生活中实现最佳表现。

二、心理训练师与教练的角色

在当今竞争激烈的足球世界中，心理素质已经成为决定球员和球队成功的关键因素之一。心理训练师与教练在培养球员心理素质的过程中扮演着至关重要的角色，他们之间的合作模式直接影响着球员的心理发展和表现。

心理训练师在足球领域中的作用不可小觑。他们专注于球员的心理健康，帮助球员建立自信，管理压力，提高专注力，以及培养良好的比赛心态。心理训练师通过一对一的咨询，团体研讨会，以及实地观察等方式，了解球员的心理状况，识别可能影响表现的心理障碍，并采用专业的心理策略和技术进行干预。例如，他们可能会教授球员应对压力的技巧，如深呼吸、正念冥想和自我暗示等，以帮助球员在高压环境下保持冷静和集中。

足球教练则主要负责球员的技术、战术训练和比赛策略的制定。然而，他们也在球员心理素质培养中扮演着重要角色。教练通过日常训练和比赛，不仅能够观察到球员的技术表现，也能直接影响球员的心态和情绪。教练的态度、语言和行为对球员的自信心、团队精神和比赛压力管理具有深远影响。一个优秀的教练能够识别球员的心理需求，提供正面鼓励，建立积极的团队文化，以及在必要时引导球员寻求心理训练师的专业帮助。

心理训练师与教练之间的合作模式是提升球员心理素质的关键。理想情况下，他们应该形成一个互补和协同的团队，共同制定和实施心理培养计划。合作的第一步是建立共同的目标和理解，心理训练师需要与教练分享专业的心理知识，帮助教练理解心理训练的重要性以及如何在日常训练中运用心理技能。同时，教练应该向心理训练师提供球员的技术和战术背景信息，以及他们在训练和比赛中观察到的心理表现，这有助于心理训练师更精准地评估和设计干预方案。

有效的沟通是心理训练师和教练合作的基石。他们需要定期交流球员的进展情况，讨论遇到的挑战和成功经验，以及根据需要调整心理训练计划。此外，心理训练师可以为教练团队提供培训，增强教练识别和应对球员心理问题的能力，同时教授一些基本的心理干预技巧，使教练能在心理训练师不在场时提供初步的支持。

在具体实践中，心理训练师和教练可以通过多种方式合作，以支持球员的心理发展。例如，他们可以共同设计预赛准备程序，包括心理准备训练和团队建设活动，帮助球员提高比赛日的心理准备度。在面对重大比赛或压力情境时，心理训练师可以与教练合作，为球员提供特别的心理辅导和支持。此外，心理训练师还可以帮助教练更好地管理团队冲突，通过团队研讨会和沟通技巧训练，促进球员之间的理解和合作。

总之，心理训练师和足球教练在青少年球员的心理素质培养过程中各司其职，但又密切合作，他们的共同目标是通过专业的心理支持和有效的技术训练，帮助球员在心理和技术上都达到最佳状态。通过建立强大的合作关系，心理训练师和教练可以为球员提供一个全面的支持系统，不仅促进其在足球领域的成长和成功，也有助于其个人的整体发展和福祉。

三、家庭和社会环境的支持

在当今足球运动高度发达的时代背景下，青少年足球运动员的培养已经不仅仅局限于技术和战术训练，家庭和社会环境对于他们的心理支持和成长也起到了极其关键的作用。从广义上讲，家庭是青少年成长的第一课堂，而社会则是他们实践和体验的更广阔平台。在青少年足球运动员的培养过程中，这两个环境的支持不仅能够为他们提供必要的物质和情感支持，更能够帮助他们建立正确的价值观、提升心理韧性和社会适应能力。

首先，从家庭环境来看，父母或监护人的角色至关重要。他们的态度、期望以及对于孩子足球事业的支持程度直接影响到青少年的自信心、动力以及对于足球的热爱。父母应当鼓励孩子追求足球梦想，同时也要对他们进行适度的引导和监督，确保他们能够在追求梦想的过程中保持健康的心态和平衡的生活。此外，父母的参与不仅仅体现在送孩子去足球训练，更重要的是通过共同观看比赛、讨论足球技巧等方式，增强与孩子之间的情感联系，让孩子感受到家庭对他们足球生涯的支持和认可。

在心理支持方面，家庭环境的温暖和安全感对于青少年足球运动员至关重要。青少年时期是个体心理发展的关键阶段，这一时期的运动员面临着激烈的竞争和巨大的压力，如何有效地管理和调节自己的情绪，克服挫败感，成为他们成功的关键。在这个过程中，家庭成员的理解、鼓励和支持，能够帮助青少年建立自信，增强抗压能力，从而更好地面对训练和比赛中的挑战。

其次，社会环境的支持同样不可或缺。社会资源的利用，包括学校教育、社区活动、专业俱乐部以及媒体等，都为青少年足球运动员提供了多样化的成长平台和展示舞台。学校和社区能够通过组织足球比赛、训练营等活动，为青少年提供更多的实践机会，同时也促进他们的社交技能和团队合作能力的发展。专业俱乐部和教练的指导，不仅能够提升青少年的足球技术，更重要的是能够通过专业训练，培养他们的职业素养和竞技心态。

社会媒体和公众关注度也在青少年足球运动员的心理建设中扮演着重要角色。正面的媒体报道和公众认可能够增强青少年运动员的归属感和自豪感，激发他们的斗志和动力。然而，同时也要注意，过度的关注和不当的舆论可能会给青少年运动员带来额外的压力和心理负担。因此，社会对青少年足球运动员的支持应该是鼓励和理解为主，为他们营造一个积极健康的成长环境。

所以，家庭和社会环境的支持对于青少年足球运动员的成长至关重要。家庭的理解、鼓励和支持是他们心理建设的坚强后盾；而社会资源的有效利用，则为他们提供了更广阔的成长空间和展示舞台。在这两个环境的共同作用下，青少年足球运动员不仅能够在技术和战术上不断进步，更重要的是，他们能够在心理和社会适应能力上得到全面发展，最终成为既有技术实力又有良好心态的优秀足球运动员。

四、心理训练的跟踪与反馈机制

在青少年足球培养过程中，心理训练是提高球员表现的关键因素之一。它不仅帮助球员在比赛中保持最佳心态，还能够提升他们的自我调节能力、增强心理韧性和团队合作精神。因此，建立一个有效的心理训练跟踪与反馈机制对于优化球员的心理训练计划，提升训练效果具有重要意义。

心理训练的跟踪与反馈机制主要包括定期评估心理状态、分析评估结果、提供反馈以及根据反馈调整心理训练计划等几个关键步骤。

定期评估是跟踪心理训练进展的基础。这一过程可以通过心理测量工具、自我报告问卷、教练和心理顾问的观察记录等多种方式进行。例如，采用焦虑自评量表来评估球员的比赛前焦虑程度，或使用团队凝聚力问卷来了解球员之间的团队合作状态。这些评估应定期进行，以便于及时发现球员在心理训练中的进步和问题。

评估结果的分析至关重要。心理顾问和教练团队需要对收集到的数据进行深入分析，识别球员心理状态的变化趋势和潜在问题。例如，如果发现球员的比赛前焦虑水平持续升高，可能表明现有的心理调节策略效果不佳，需要调整。通过对比赛期间的心理表现和训练期间的心理状态，可以评估心理训练计划的实际效果，为后续训练提供指导。

及时反馈是促进球员心理成长的关键环节。根据评估和分析的结果，心理顾问和教练应向球员提供具体、建设性的反馈。这一反馈不仅包括指出球员在心理训练中的不足，更重要的是提供改进的方法和策略。例如，对于焦虑水平较高的球员，可以介绍更多的放松技巧和心理调节方法，如深呼吸、正面思维训练等。此外，反馈过程还应鼓励球员分享自己的感受和困惑，建立开放的沟通环境，增强球员对心理训练的信心和积极性。

根据评估结果和反馈调整心理训练计划是持续优化的重要环节。心理顾问和教练团队需要根据球员的心理状态和训练效果，灵活调整心理训练内容和方法。

这可能包括引入新的心理训练技巧、调整训练强度和频率，或者针对特定球员制定个性化的心理辅导计划。此外，调整过程还应考虑到球队的整体心理氛围和文化，促进积极、健康的团队心理状态。

建立有效的心理训练跟踪与反馈机制，不仅能够帮助球员及时发现和解决心理问题，还能够促进球员心理技能的持续发展，提高比赛表现。通过定期的评估、科学的分析、及时的反馈以及灵活的调整，可以构建一个持续优化的心理训练环境，为青少年足球培养打下坚实的心理基础。在这一过程中，教练和心理顾问的专业知识、经验以及对球员的深刻理解发挥着不可替代的作用。因此，加强教练和心理顾问的专业培训，提高他们在心理训练方面的能力，同样是实现心理训练目标的关键。

五、心理训练效果的评估方法

在足球领域，心理素质被广泛认为是决定运动员表现的关键因素之一。随着竞技体育水平的提高，心理训练在青少年足球培养中的重要性日益凸显。心理训练不仅能够帮助年轻球员提高比赛中的集中力、自信心和抗压能力，还能够促进他们的社会适应能力和团队精神。因此，评估心理训练效果对于优化训练计划、提高球员整体表现具有至关重要的意义。

量表是评估心理训练效果最常用也是最科学的方法之一。通过标准化的心理量表，教练和心理专家可以量化球员的心理状态，如焦虑程度、自我效能感、团队凝聚力等。这些量表通常经过严格的科学验证，能够提供客观、可靠的评估结果。在实际应用中，应选择与训练目标相匹配的量表，并在训练前后进行测试，以量化心理训练的效果。例如，使用竞技状态焦虑量表（CSAI-2）评估球员的比赛前焦虑状态，或者通过团队凝聚力问卷（Group Environment Questionnaire, GEQ）来测量球队的团队凝聚力变化。量表评估的关键在于正确解读分数变化，分析训练前后的差异，并结合球员的具体情况进行深入分析，从而为训练计划的调整提供依据。

观察法是评估心理训练效果的另一重要方法。与量表相比，观察法更加注重对球员行为和表现的直接观察。这种方法通常需要教练或心理专家在训练和比赛中对球员的心理表现进行系统性观察，如球员在压力下的反应、比赛中的沟通和领导行为，以及面对挫折时的态度等。观察法的优势在于能够提供更为直观和具体的评估信息，帮助教练深入了解球员的心理状态和行为模式。然而，这种方法也存在一定的主观性，因此在应用过程中需结合其他评估方法，如量表和自评，以提高评估的准确性。

自评是心理训练效果评估中的另一项重要工作。通过自评，球员可以反思自己的心理状态和行为变化，提高自我认识和自我调节能力。自评通常通过开放式问卷或日记的形式进行，让球员描述自己在训练期间的心理体验、遇到的挑战以及应对策略等。自评的优点在于能够从球员的内在视角深入了解心理训练的影响，增强训练的个性化和针对性。然而，自评的结果可能受到个人主观意识的影响，因此在解读自评结果时应结合客观评估数据，以获得更全面的评估视角。

解读心理训练效果的评估结果是一个复杂而细致的过程。评估结果的应用不仅要考虑量化数据的变化，还要深入分析背后的心理机制和个体差异。例如，如果球员的比赛焦虑水平降低了，教练需进一步分析这种变化是如何影响球员的比赛表现和心理状态的，是否与特定的心理技能训练有关，以及如何在未来的训练中进一步发挥这些技能的作用。此外，评估结果的应用还需考虑到球队整体的心理环境，如团队凝聚力、沟通氛围等，这些因素也会对心理训练的效果产生重要影响。

总之，通过量表、观察和自评等方法综合评估心理训练效果，可以为青少年足球培养提供重要的反馈信息。正确解读和应用评估结果，不仅可以帮助球员提高心理素质，还能为教练制定更有效的训练计划提供科学依据。在竞技体育的世界里，心理素质的培养同技术和体能训练一样重要，它是塑造优秀足球运动员不可或缺的一环。

第六章　营养与饮食在青少年足球培养中的应用

在现代足球发展的背景下,对于青少年足球运动员的培养不仅仅局限于技术、战术的训练上,更加注重对运动员整体素质的提升,其中营养与饮食的管理是基础中的基础,尤其是在青少年这一关键的成长期。本章节旨在深入探讨营养与饮食在青少年足球培养中的应用,包括青少年足球运动员的营养需求、饮食规划与指导、比赛前后的饮食策略以及如何通过营养教育促进运动员的健康发展。

在高强度的足球训练和比赛中,运动员的身体会消耗大量的能量和营养物质,这就要求他们的饮食计划必须能够满足这些高强度消耗后的恢复需求。营养不仅关系到运动员的即时表现,更影响到他们的长期发展、健康状况以及职业生涯的持久性。因此,了解和掌握青少年足球运动员的营养需求,制定科学合理的饮食计划,对于提升运动表现、预防伤病有着不可忽视的作用。

首先,需要明确青少年足球运动员的营养需求,这不仅包括了日常训练中的能量供给,更涉及了各种微量元素和维生素的平衡摄入,以确保体能的快速恢复和免疫系统的正常运作。其次,饮食规划与指导对于青少年运动员来说尤为重要,合理的饮食计划能够帮助他们在训练和比赛中发挥最佳状态,同时也是预防运动伤害、促进健康成长的重要手段。

在比赛期间,合适的饮食策略能够为运动员提供必要的能量和营养,帮助他们在比赛中保持最佳表现,并在比赛后快速恢复。而营养教育,则是帮助青少年运动员树立正确的营养观念,使他们能够自主管理自己的饮食,为日后的成长和发展打下坚实的基础。

本章将深入探讨这些方面,为青少年足球运动员的营养与饮食管理提供指导和建议,旨在帮助他们在足球的道路上更远、更健康地走下去。

第一节　青少年足球运动员的营养需求

一、能量与代谢

在足球运动中，运动员的能量消耗与补充策略是决定其表现和恢复的关键因素之一。足球是一项高强度、间歇性的运动，要求运动员在比赛和训练期间展示高水平的速度、耐力和力量。这种运动性质导致运动员的能量消耗模式复杂多变，因此，了解能量消耗的机理及其补充策略对于优化运动表现、促进恢复和减少受伤风险至关重要。

在足球比赛或训练中，能量的消耗主要来自三个生物能量系统：磷酸盐系统、糖酵解系统和有氧系统。磷酸盐系统在短暂、高强度的爆发力活动中起主导作用，如短跑、跳跃和瞬间加速。这个系统提供的能量来自肌肉中的高能磷酸盐，如ATP和磷酸肌酸，它们能够在没有氧气的情况下迅速释放能量，但是存储量有限，很快就会耗尽。糖酵解系统在中等到高强度的活动中发挥作用，可以在有氧或无氧条件下分解糖原产生能量，但无氧糖酵解的副产品乳酸会导致肌肉酸痛和疲劳。有氧系统是在持续、低到中等强度活动中提供能量的主要途径，它通过氧化脂肪和碳水化合物产生大量能量，支持长时间的运动。

针对足球运动员的能量消耗特点，合理的能量补充策略应该是多方面的，包括饮食调整、补充计划和恢复策略。首先，运动员的日常饮食应该富含碳水化合物，因为碳水化合物是高强度运动中主要的能量来源。比赛前3到4天，运动员应增加碳水化合物的摄入量，以达到最大化肌肉和肝脏中的糖原储存，这一过程被称为"碳水化合物装载"。比赛或训练前的几小时，摄入易于消化的碳水化合物可以帮助维持血糖水平，延迟疲劳的发生。

在比赛或训练中，补充能量的策略也非常重要。对于持续时间超过60分钟的活动，运动员应该通过摄入含碳水化合物的运动饮料或能量胶来补充能量，这有助于维持血糖水平和延缓糖原耗竭。摄入的碳水化合物量应根据运动员的个体需要和耐受性来调整，一般推荐每小时摄入30到60克。

比赛或训练后的恢复同样重要。在运动后的前 30 分钟内摄入高质量的蛋白质和碳水化合物可以促进肌肉修复和糖原恢复。此外，适量补充电解质和水分是恢复过程中不可忽视的部分，特别是在热环境下进行的运动。

对于足球运动员而言，能量消耗和补充不仅是物理表现的基础，也是优化训练效果、提高比赛表现和促进身体恢复的关键。通过科学的饮食计划、适时的能量补充和有效的恢复策略，运动员可以最大限度地发挥潜力，减少受伤风险，保持最佳状态。综合这些策略，足球运动员需要与营养师、教练和医疗团队紧密合作，制定个性化的能量管理计划，确保在训练和比赛中的高效表现。

二、蛋白质的重要性

蛋白质，作为生命活动的基础物质之一，在维持和促进青少年足球运动员身体健康、肌肉修复和增长中扮演着至关重要的角色。随着足球运动的日益普及和专业化，对运动员身体素质的要求也日益增高，其中，蛋白质的摄入与管理成为提升运动表现、促进身体恢复的关键因素之一。

蛋白质是由氨基酸组成的大分子，是构成细胞和组织的主要成分，对于生长发育、组织修复、酶和激素的合成、免疫功能等都有着不可替代的作用。在高强度的足球训练和比赛中，运动员的肌肉会经历微损伤，蛋白质在这一过程中起到关键的修复作用。通过合成新的肌肉蛋白，不仅帮助修复受损的肌纤维，还促进肌肉质量的增加，从而提高运动员的力量和耐力。

此外，蛋白质还参与能量的代谢。虽然碳水化合物和脂肪是主要的能量来源，但在长时间或高强度的运动中，当其他能源消耗殆尽，体内的蛋白质也会被分解为能量供应。因此，充足的蛋白质储备对于维持运动性能和延长运动时间具有重要意义。

青少年时期是身体快速生长发育的阶段，对蛋白质的需求相比成年人更高。对于青少年足球运动员而言，由于经常进行高强度训练，他们的蛋白质需求更是高于同龄的非运动员。适量的蛋白质摄入不仅能支持他们的生长发育需求，还能帮助肌肉的恢复和增长，提高运动表现。

缺乏蛋白质，青少年运动员可能会经历肌肉疲劳、恢复缓慢、免疫力下降等问题，这些都会影响到他们的训练效果和比赛表现。因此，确保充足的蛋白质摄入对于青少年足球运动员来说极为重要。

蛋白质的需求量取决于多种因素，包括年龄、性别、体重、训练强度和目标等。一般而言，青少年运动员的蛋白质需求量高于成年运动员。据研究推荐，青少年运动员每天每公斤体重需摄入 1.2 到 1.7 克的蛋白质，这一需求量显著高于一般青少年和成年人。

计算蛋白质需求量时，首先要确定运动员的体重，然后根据运动强度和训练目标乘以相应的蛋白质摄入系数。例如，一个重 60 公斤的青少年足球运动员，在进行高强度训练期间，他的蛋白质需求量可能是每天 $60kg \times 1.5g/kg = 90g$。这意味着，为了满足肌肉修复和增长的需求，他需要通过饮食每天摄入至少 90 克的蛋白质。

蛋白质的来源主要分为动物性和植物性两大类。动物性蛋白质如肉类、鱼类、蛋和乳制品，含有全部必需氨基酸，被认为是高质量的蛋白质来源。植物性蛋白质来源包括豆类、坚果和全谷物等，虽然某些植物性食物可能不包含所有必需氨基酸，但通过合理搭配可以满足需求。对于青少年足球运动员而言，建议采取多样化的蛋白质摄入策略，既包括高质量的动物性蛋白质，也不忽视植物性蛋白质的补充。此外，蛋白质的摄入应分散在一天的多餐中，以促进更好地吸收和利用，尤其是在训练后的 30 分钟内摄入富含蛋白质的食物或饮料，可以有效促进肌肉修复和增长。

综上所述，蛋白质在青少年足球运动员的肌肉修复、增长和整体运动表现中起着不可或缺的作用。通过科学计算和合理安排蛋白质的摄入，可以有效支持青少年运动员的训练需求和身体健康，助力他们在足球领域的成长与发展。

三、碳水化合物的作用

碳水化合物在人体能量供给中扮演着至关重要的角色，特别是对于运动员和经常进行体力活动的人来说，它们是最主要的能量来源。理解碳水化合物的作用，以及如何在运动前后正确摄入碳水化合物，对于提高运动表现、加速恢复过程以及维持良好的健康状态至关重要。

碳水化合物是由碳、氢和氧组成的有机化合物，主要通过食物摄入人体。在人体内，碳水化合物主要转化为葡萄糖，这是细胞特别是大脑和肌肉细胞的主要能量来源。当葡萄糖在体内被利用时，它会被转化成能量，支持身体的各种功能和活动。对于运动员来说，碳水化合物的摄入不仅关系到他们的训练效果，还直接影响到比赛中的表现。

在运动前，适量摄入碳水化合物对于储备足够的能量十分重要。适当的碳水化合物摄入可以帮助增加肌肉和肝脏中的糖原储存，这是人体在短时间高强度运动或长时间耐力运动中的重要能量来源。例如，长跑者在比赛前增加碳水化合物的摄入量，可以显著提高其耐力和表现。运动前的碳水化合物加载，如通过食用富含碳水化合物的食物（如面包、面条、米饭等），可以帮助运动员在运动中维持较高的强度，延长疲劳到来的时间。

运动期间，尤其是在长时间的耐力运动中，维持碳水化合物的摄入也同样重要。随着运动时间的延长，肌肉和肝脏中的糖原逐渐耗尽，如果不及时补充碳水化合物，将会导致运动能力下降，甚至出现低血糖的症状，如头晕、乏力、集中注意力困难等。因此，运动员在长时间的训练或比赛中，常常通过摄入能量胶、运动饮料等富含碳水化合物的食品来补充能量，以维持运动性能和推迟疲劳的发生。

运动后的碳水化合物摄入对于恢复过程同样至关重要。运动后立即摄入碳水化合物可以有效促进糖原的重新合成，加速肌肉恢复。这一点对于连续几天进行高强度训练或比赛的运动员尤为重要。快速补充碳水化合物可以帮助减少肌肉损伤，缩短恢复时间，提高未来训练和比赛的表现。此外，适当的碳水化合物摄入还可以促进蛋白质的合成，这对于肌肉的修复和增长至关重要。

除了对运动表现和恢复的直接影响外，碳水化合物对于运动员的整体健康也是不可或缺的。长期的低碳水化合物饮食可能会导致能量不足、营养不良、免疫功能下降等问题，这些都会对运动员的健康和表现产生负面影响。因此，运动员需要根据自己的训练强度、持续时间以及个人的能量需求来调整碳水化合物的摄入量。

总之，碳水化合物作为运动员的主要能量来源，在运动前、中、后的摄入策略对于优化表现、加速恢复和保持健康至关重要。通过合理规划碳水化合物的摄入，运动员可以最大化其训练效果，提高比赛成绩，同时确保身体健康和长期的运动生涯。碳水化合物的正确摄入不仅是运动营养学中的一个重要议题，也是运动员实现其运动目标的基石。

四、脂肪的平衡摄入

在讨论青少年运动员的营养需求时，脂肪的摄入常常会被提及。虽然脂肪在过去的营养指导中可能被视为不利健康的因素，但现代营养学已经证明，脂肪是人体所需的主要营养素之一，特别是对于长时间进行体能训练的青少年运动员来说，脂肪在能量供应、营养吸收和身体功能中扮演着不可或缺的角色。

对于青少年运动员而言，长期的体能训练和比赛要求体内能量的持续供应。在高强度运动中，碳水化合物是主要的能量来源；然而，在中低强度或长时间的运动中，脂肪成为更重要的能量来源。脂肪提供的能量密度是碳水化合物的两倍多，这意味着在体能消耗大、能量需求高的情况下，脂肪能够为青少年运动员提供持久的能量支持。

此外，适量的脂肪摄入有助于保持血糖水平的稳定，避免运动过程中出现能量的急剧波动。这对于维持运动员的表现至关重要，因为能量水平的稳定直接关系到运动效率和持续性。

在脂肪的摄入上，更为关键的是脂肪类型的选择。健康的脂肪摄入不仅能够提供能量，还能够促进维生素的吸收、维护细胞功能、促进大脑发育和保护心血管健康。健康脂肪主要包括不饱和脂肪酸，如单不饱和脂肪酸和多不饱和脂肪酸，这些脂肪酸主要存在于植物油（如橄榄油、花生油）、坚果、鱼类和海鲜中。

单不饱和脂肪酸和多不饱和脂肪酸对于青少年运动员的心血管健康尤为重要。它们有助于降低血液中的坏胆固醇（LDL）水平，并提高好胆固醇（HDL）的水平，从而减少心脏病的风险。此外，多不饱和脂肪酸，尤其是 $\omega-3$ 和 $\omega-6$ 脂肪酸，对于大脑功能和视力的发展至关重要，它们在维持神经系统的健康和促进认知功能方面发挥着关键作用。

在平衡脂肪摄入的过程中，应限制饱和脂肪和反式脂肪的摄入。饱和脂肪主要来源于动物产品，如红肉、全脂乳制品等，而反式脂肪则多出现在加工食品中。这些脂肪的过量摄入与心血管疾病、肥胖和其他健康问题有关。

脂肪在其长期能量供应中扮演着不可或缺的角色。本文旨在探讨脂肪在青少年运动员长期能量供应中的重要性，以及如何选择健康脂肪以促进运动表现和整体健康。

脂肪在体能活动中的能量供应角色极为重要，尤其是在长时间、低至中等强度的运动中。与碳水化合物相比，脂肪是一个更加密集的能量来源，每克脂肪可提供约 9 卡路里的能量，是碳水化合物或蛋白质能量的两倍多。这意味着，在长期运动中，当身体的碳水化合物储存（如肝糖原）逐渐耗尽时，脂肪成为主要的能量来源。因此，对于那些参与耐力运动如长跑、游泳或自行车运动的青少年运动员而言，维持足够的脂肪摄入对于保持运动性能和持久力至关重要。

然而，并非所有的脂肪都对青少年运动员有益。脂肪的类型对健康和运动表现有着深远的影响。健康脂肪，特别是不饱和脂肪，如单不饱和脂肪和多不饱和脂肪，被证明对心血管健康有益，可以改善血脂水平，降低心脏病和其他慢性疾病的风险。这些脂肪主要存在于植物油（如橄榄油和花生油）、鱼类（特别是富含 Omega-3 的深海鱼如三文鱼和鲭鱼）、坚果和种子中。相反，饱和脂肪和反式脂肪，主要来源于加工食品、快餐和动物性产品，过量摄入会增加心血管疾病的风险，对运动员的健康和表现产生负面影响。

对青少年运动员而言，选择健康脂肪并以适当的比例摄入是关键。建议脂肪摄入量应占总能量摄入的 20%～35%，并且主要来自不饱和脂肪。这不仅可以满足长期运动的能量需求，还可以促进身体的恢复过程，减少炎症，提高免疫功能，同时还能保护心脏健康。例如，青少年运动员可以通过增加富含 Omega-3 的鱼类摄入，使用橄榄油或花生油进行烹饪，以及食用坚果来获得健康的脂肪。同时，限制或避免加工食品和快餐中的饱和脂肪和反式脂肪的摄入，对维持体能表现和健康同样重要。

五、微量元素与维生素

微量元素与维生素对于维持人体健康和促进生理功能的正常运行至关重要，尤其是对于青少年运动员而言，它们在支持身体发育、提高运动表现以及预防伤病方面发挥着不可替代的作用。在青少年运动员的饮食中，铁、钙和维生素 D 是三种最为关键的营养素，它们对于运动员的健康和运动表现有着深远的影响。

铁是人体中不可缺少的微量元素，主要负责运输氧气及促进红细胞的生成。对于青少年运动员而言，铁的重要性更是不言而喻，因为它直接关系到运动员的耐力和表现。运动过程中，身体对氧气的需求量增加，铁质的充足则能有效地提高血液携氧能力，从而增强运动耐力，延缓疲劳感的出现。然而，铁缺乏是青少年运动员中常见的营养缺陷之一，其原因可能包括饮食摄入不足、铁的吸收率低或是运动引起的铁流失。铁缺乏不仅会导致贫血，还会影响肌肉的功能和运动员的整体表现，因此，保证铁的适量摄入对青少年运动员来说至关重要。

钙是人体中含量最丰富的矿物质，对于青少年运动员的骨骼健康具有重大意义。钙质的充足摄入对于增强骨骼密度、预防运动损伤、保持神经传递正常等方面都至关重要。青少年时期是骨骼密度增长的关键时期，适量的钙摄入能够促进骨骼的健康发展，为未来打下坚实的基础。此外，钙还参与肌肉收缩过程，对提高运动表现有直接影响。然而，许多研究表明，青少年运动员中钙摄入不足的情况较为普遍，这不仅影响骨骼健康，还可能导致运动表现的下降和运动损伤风险的增加。因此，确保钙的充足供应是保障青少年运动员健康发展的又一重要环节。

维生素 D 在人体中主要负责促进钙和磷的吸收与利用，对于维持骨骼健康和肌肉功能具有重要作用。足量的维生素 D 能够促进钙的有效吸收，进而支持骨骼的健康成长和维护，对于预防骨质疏松症等疾病有着重要的预防作用。此外，维生素 D 还与肌肉力量直接相关，足够的维生素 D 水平有助于提升肌肉功能和运动表现。尽管维生素 D 的重要性已经得到广泛认可，但在实际中，维生素 D 缺乏在青少年运动员中依然是一个普遍存在的问题。这主要是因为维生素 D 的主要来源是阳光照射下皮肤的合成，而现代生活方式中室内活动较多，导致自然获取维生素 D 的机会减少。因此，通过饮食或补充剂来确保足够的维生素 D 摄入，对于青少年运动员的骨骼健康和运动表现至关重要。

铁、钙和维生素 D 的适当摄入对青少年运动员的健康和表现有着直接且深远的影响。通过确保这些关键营养素的充足供应，可以帮助青少年运动员提高运动表现，减少伤病风险，促进健康成长。然而，实现这一目标需要家长、教练和运动员本人的共同努力，包括合理规划饮食、定期进行营养状况评估以及适时采取营养补充措施。总之，对铁、钙和维生素 D 等微量元素与维生素的重视和科学管理，是确保青少年运动员能够在运动道路上长久且健康发展的关键。

第二节　青少年足球运动员的饮食规划与指导

一、制定个性化饮食计划

制定个性化饮食计划对于运动员而言至关重要，它不仅能够帮助他们保持最佳的身体状态，还能够提高训练效率和比赛表现。运动员的饮食计划需考虑多个因素，包括年龄、性别、训练强度等，这些因素共同决定了运动员的能量和营养需求。

年龄是影响运动员饮食计划的重要因素。年轻运动员在成长发育阶段，他们的能量和营养需求与成年运动员有所不同。例如，青少年运动员需要更多的能量来支持他们的生长发育，特别是蛋白质、钙和铁的摄入需求较高，以确保骨骼和肌肉的正常发育。因此，为青少年运动员制定饮食计划时，应增加富含这些营养素的食物，如瘦肉、豆类、乳制品和绿叶蔬菜。相反，成年运动员的饮食计划则更加注重维持体能和恢复，特别是在高强度训练和比赛后。

性别也是需要考虑的重要因素。一般而言，男性运动员的能量需求高于女性，这主要是因为男性通常拥有更多的肌肉量，而肌肉在休息状态下的能量消耗也高于脂肪。此外，女性运动员需要特别注意铁质的摄入，因为月经损失可能导致铁质缺乏，进而影响运动表现和身体健康。因此，女性运动员的饮食计划应该包含富含铁的食物，如红肉、禽肉、鱼、豆类和富含维生素 C 的水果，后者可以帮助提高铁的吸收率。

训练强度是另一个关键因素。高强度训练和比赛对能量和营养素的需求非常高，因此运动员的饮食计划必须能够满足这些需求。高强度训练期间，运动员应增加碳水化合物的摄入，以保证有足够的能量支持训练。碳水化合物是运动员能量的主要来源，特别是对于耐力运动员而言。除了碳水化合物，蛋白质的摄入也非常关键，因为它有助于肌肉修复和增长。运动员在训练后的饮食中应包含足够的高质量蛋白质，如鸡肉、鱼肉、豆腐和乳制品，以促进恢复。

个性化饮食计划还应考虑运动员的个人健康状况和营养偏好。有些运动员可能对特定食物有过敏反应或不耐受，如乳糖不耐受或麸质过敏，这就需要对饮食计划进行相应的调整，以确保他们能够摄入足够的营养，而不会引起不适。此外，考虑到运动员的口味和偏好也很重要，这有助于提高他们遵循饮食计划的意愿和满意度。

综上所述，制定个性化饮食计划是一项复杂但至关重要的任务。它需要综合考虑运动员的年龄、性别、训练强度、健康状况和营养偏好。通过为运动员提供量身定制的饮食计划，可以帮助他们实现最佳的训练效果，提高比赛表现，并维持良好的健康状态。一个成功的饮食计划应当是全面的，不仅满足运动员的能量和营养需求，还能适应他们的生活方式和个人需求，从而确保在追求体育成就的同时，也能保持身体和心理的健康。

二、饮食频率与分配

在青少年足球运动员的饮食规划与指导中，饮食频率与分配是至关重要的一部分。除了主要的三餐外，小餐食谱和饮食时间对于恢复和提高运动表现同样具有重要影响。在探索这些方面时，我们需要考虑到青少年足球运动员的营养需求、训练计划以及比赛安排。

首先，了解青少年足球运动员的饮食需求是至关重要的。他们处于生长发育的关键阶段，需要足够的营养来支持身体的发育和运动表现。碳水化合物是提供能量的主要来源，蛋白质则是用于修复和生长肌肉的关键营养素，而脂肪则提供了额外的能量和脂溶性维生素。此外，维生素和矿物质也是必不可少的，它们在维持身体功能和促进恢复方面起着关键作用。

针对青少年足球运动员的饮食规划，除了三餐外，小餐也是必不可少的。这些小餐可以在主要训练或比赛前后安排，以确保足够的能量供给和促进恢复。在训练或比赛前，可以选择一些轻食，如水果、酸奶或全麦面包，以提供快速的能量。而在训练或比赛后，重点是补充碳水化合物和蛋白质，可以选择一些含有蛋白质和碳水化合物的食物，如瘦肉、鸡蛋、豆类或全麦面包，以帮助肌肉修复和恢复。

此外，饮食时间的安排也是至关重要的。青少年足球运动员需要根据训练和比赛的时间来合理安排饮食。在训练或比赛前约1~2小时，可以选择一些轻食来补充能量，避免过饱或消化不良影响运动表现。而在训练或比赛后的30分钟内，应该尽快补充碳水化合物和蛋白质，以促进肌肉恢复和能量储存。

除了主要的训练和比赛日，平时的饮食也需要注意。青少年足球运动员应该保持均衡的饮食，包括五谷杂粮、蔬菜水果、优质蛋白质和健康脂肪，以满足全面的营养需求。此外，他们还应该保持足够的水分摄入，以保持水平衡和避免脱水对运动表现的影响。

总之，饮食频率与分配对于青少年足球运动员的恢复和表现至关重要。通过合理安排小餐食谱和饮食时间，可以确保他们获得足够的能量和营养，从而提高运动表现并促进身体的恢复和发育。因此，对于教练和运动员来说，了解和实施科学的饮食规划与指导是非常重要的。

三、补充能量与营养的零食选择

青少年足球运动员的饮食规划与指导在其训练与比赛中发挥着至关重要的作用。除了主要的餐饮计划外，补充能量与营养的零食也是必不可少的。这些零食选择不仅可以为运动员提供额外的能量和营养，还可以在训练间隙和恢复期间帮助他们保持体力和精神状态的最佳状态。

作为补充能量与营养的食物，水果是一个极佳的选择。水果富含天然的糖分和维生素，能够提供快速释放的能量，并帮助运动员维持水分平衡。例如，香蕉是一个理想的选项，因为它富含碳水化合物，能够迅速为身体提供能量，同时还含有钾，有助于防止肌肉疲劳和抽筋。其他水果如苹果、橙子、葡萄等也都是不错的选择，它们不仅提供能量，还含有丰富的维生素和抗氧化剂，有助于维持身体的健康状态。

坚果和种子也是一种便捷而丰富营养的零食选择。坚果如杏仁、核桃、腰果等富含健康的脂肪、蛋白质和纤维，能够提供持久的能量，同时还有助于控制饥饿感。种子如南瓜子、葵花籽等也是不错的选择，它们含有丰富的蛋白质、健康脂肪和微量元素，有助于促进肌肉修复和生长，提高运动员的体能水平。

酸奶和乳制品也是补充能量与营养的理想选择。酸奶富含蛋白质、钙和维生素，能够帮助运动员加速肌肉的修复和生长，同时还有助于维持骨骼健康。此外，酸奶中的益生菌还有助于促进肠道健康，提高免疫力。对于乳制品，低脂奶和乳酪是比较理想的选择，它们提供高质量的蛋白质和钙，有助于运动员的肌肉恢复和生长。

另外，全谷类产品也是一种优质的补充能量与营养的零食选择。全谷类产品如全麦面包、燕麦片、全麦饼干等含有复杂的碳水化合物，能够提供持久的能量，并且富含纤维、维生素和矿物质，有助于维持运动员的饱腹感和消化健康。例如，燕麦片可以作为早餐或者训练间隙的快速补充能量的选择，同时还能提供长效的能量，有助于维持运动员的体能水平。

菜和蛋类也是补充能量与营养的重要来源。蔬菜富含维生素、矿物质和纤维，能够提供丰富的营养素，同时也有助于控制体重和维持身体的健康状态。蛋类则是优质蛋白质的重要来源，能够提供丰富的氨基酸，有助于促进肌肉修复和生长。煮鸡蛋或者蔬菜沙拉可以作为训练后的理想选择，能够快速为身体补充蛋白质和维生素，促进肌肉恢复和生长。

四、流质与固体食物的选择

青少年足球运动员的饮食规划与指导在他们的身体发育和运动表现中起着至关重要的作用。其中，流质食物和固体食物的选择对于运动员的能量供给和身体恢复都有着重要的影响。在比较运动前后流质食物与固体食物的利弊时，需要考虑到它们在消化吸收、便携性、补充营养等方面的差异。

流质食物，如果汁、奶昔、能量饮料等，在运动前的补充中具有一定的优势。首先，它们相对容易消化，能够更快地提供能量。这对于运动前的短时间补给来说非常重要，因为足球等高强度运动需要大量的能量支持。其次，流质食物往往含有丰富的水分，有助于补充水分和电解质，预防运动中的脱水和电解质紊乱。此外，它们还可以提供一定量的碳水化合物，为身体提供短期的能量来源。然而，流质食物也存在一些劣势。首先，它们往往缺乏固体食物所具有的饱腹感，可能在运动前不足以提供长时间的饱腹感和能量支持。其次，某些流质食物可能含有过多的糖分或添加剂，摄入过多可能会导致血糖波动和能量峰谷，影响运动表现。因此，在选择流质食物时，需要注意选择含有较少添加剂和糖分的健康选项，并合理控制摄入量。

固体食物，如能量棒、水果、面包等，在运动前也具有一定的优势。首先，它们往往含有更丰富的营养成分，包括蛋白质、膳食纤维和微量元素，有助于提供长时间的能量支持和稳定血糖水平。其次，固体食物可以提供更持久的饱腹感，避免了运动过程中的饥饿感和能量不足。然而，固体食物也存在一些不足之处。首先，它们可能需要更长的消化时间，不能像流质食物那样迅速提供能量。这对于一些运动员来说可能会造成消化不良或不适感，尤其是在比赛前短时间内进食。其次，固体食物可能不如流质食物那样容易携带和消化，不太适合在运动过程中补给。

因此，对于青少年足球运动员来说，选择运动前的流质食物还是固体食物需要根据个人的实际情况和偏好来进行合理选择。一般来说，如果时间允许，固体食物更适合提供长时间的能量支持和饱腹感；而如果时间较为紧迫或需要快速补充能量，流质食物可能更为合适。

对于运动后的补给，流质食物往往更为便捷和快速。在运动后，身体需要迅速补充能量和水分，以促进肌肉修复和恢复。此时，选择流质食物可以更快地满足身体的需求，提供足够的水分和碳水化合物，有助于加速恢复。特别是在运动后的 30 分钟内，通过流质食物摄取可以更快地补充体内的糖原储备，帮助肌肉恢复和再生。然而，固体食物在运动后也有其优势。首先，固体食物往往含有更多的蛋白质，有助于促进肌肉修复和生长。运动后摄取足够的蛋白质对于恢复肌肉损伤和提高运动表现至关重要。其次，固体食物也可以提供更多的微量元素和维生素，帮助身体更全面地恢复和修复。

总的来说，对于青少年足球运动员来说，运动前后的流质食物和固体食物都各有优劣。在制定饮食计划时，需要根据个人的实际情况和运动需求进行合理选择。同时，还应注意平衡摄入各种营养成分，确保能够全面满足身体的需求，提高运动表现和促进身体健康。

五、饮水与电解质平衡

在青少年足球运动员的饮食规划与指导中，饮水与电解质平衡是至关重要的一环。适量的饮水和电解质补充不仅可以维持运动表现，还能够预防脱水，对于青少年足球运动员的健康和成长至关重要。

在进行足球等高强度运动时，人体会大量出汗，导致水分和电解质的流失。水分和电解质是维持身体正常功能所必需的，特别是在运动时更是如此。水分不仅构成了血液、细胞和组织，还参与了体温调节、营养输送和代谢废物的排出等重要生理过程。而电解质如钠、钾、氯等则调节了神经肌肉的兴奋性，维持了体液的渗透压和酸碱平衡。因此，保持良好的饮水与电解质平衡对于青少年足球运动员的健康和运动表现至关重要。

在讨论饮水与电解质平衡时，首先需要关注的是饮水量的问题。足球运动员在训练和比赛中大量出汗，因此需要足够的水分补充。一般来说，足球运动员每天至少需要饮用8-10杯水，但在炎热天气或运动强度较大时，饮水量需要进一步增加。此外，运动前后以及比赛中也需要适时补充水分，以保持水分平衡，提高运动表现。

除了水分外，电解质的补充也是非常重要的。在大量出汗的情况下，身体会流失大量的电解质，特别是钠和钾。因此，为了维持电解质平衡，青少年足球运动员需要在饮食中增加一些含钠和钾丰富的食物，如香蕉、土豆、番茄、鸡肉等。此外，他们还可以通过运动饮料等方式补充电解质，以满足身体的需要。

然而，需要注意的是，饮水与电解质的补充也需量力而行，不可过量。过量的水分摄入可能导致低钠血症，而过量的电解质补充则可能对肾脏和其他器官造成负担。因此，在制定饮水与电解质补充计划时，需要根据个体的情况和运动强度进行调整，避免出现不良反应。

除了饮水与电解质的补充，还有一些其他注意事项也值得青少年足球运动员和他们的教练关注。比如，避免在运动前饮用过多的咖啡因饮料和含糖饮料，因为这些饮料可能导致脱水和能量波动。另外，注意及时补充碳水化合物和蛋白质等营养素，以维持体能和促进肌肉修复和生长。

综上所述，饮水与电解质平衡对于青少年足球运动员的健康和运动表现至关重要。通过合理的饮水与电解质补充，可以帮助他们保持良好的体液平衡，提高运动表现，减少运动损伤的风险。因此，教练和家长应该重视青少年足球运动员的饮食规划与指导，为他们提供科学合理的营养支持，促进他们的健康成长和运动发展。

第三节　比赛前、比赛中和比赛后的饮食策略

一、比赛前的营养准备

青少年足球运动员在比赛前、比赛中和比赛后的饮食策略是确保他们获得足够的能量和营养，以支持他们在比赛中表现出色并促进身体恢复和再生。在这个过程中，营养准备至关重要，因为它直接影响着运动员的体能和表现。

在比赛前的 48 小时内，运动员应该开始关注他们的饮食，以确保他们的身体充满了足够的能量，而不会引起任何不适或消化不良。在这段时间内，一个良好的饮食策略包括摄取足够的碳水化合物，以补充肌肉和肝脏的糖原储备，这是体能运动的主要能量来源之一。此外，蛋白质的摄入也是至关重要的，以支持肌肉的修复和再生，同时必须确保摄入足够的脂肪来提供持久的能量来源。

在这个阶段，运动员应该重点关注整体饮食的均衡性，并确保他们的饮食包含各种食物，如全谷类、蔬菜、水果、瘦蛋白质和健康脂肪。全谷类食物如全麦面包、燕麦和糙米可以提供持久的能量，而蔬菜和水果则提供了丰富的维生素、矿物质和抗氧化剂，有助于维持身体的免疫功能和整体健康。

此外，对于足球运动员来说，水分摄入也是至关重要的。他们应该保持良好的水分平衡，以防止脱水对体能和表现的负面影响。因此，他们应该经常喝水，

并在饮食中包含水分丰富的食物,如西瓜、橙子和黄瓜。

随着比赛时间的临近,距离比赛开始前的最后一餐越来越近,饮食策略也会稍作调整。通常来说,距离比赛开始约 2 ~ 4 小时,运动员应该摄入轻易消化的食物,以确保他们的消化系统不会在比赛中分散注意力或引起不适。这包括一些低脂肪、低纤维的食物,如简单的碳水化合物和少量的蛋白质。

比赛前的最后一餐应该是简单而容易消化的。这可能包括一些米饭、熟土豆或面条,搭配一些瘦蛋白质如鸡胸肉或鱼肉。此外,水果也是一个不错的选择,因为它们含有大量的水分,有助于保持水分平衡。

总的来说,青少年足球运动员在比赛前的饮食策略应该注重整体均衡,确保他们摄入足够的能量和营养来支持他们的体能需求。从比赛前 48 小时到比赛前最后一餐,他们应该重点关注碳水化合物、蛋白质和健康脂肪的摄入,并保持良好的水分平衡。通过遵循这些饮食策略,青少年足球运动员可以最大限度地发挥他们的潜力,并在比赛中取得最佳表现。

二、比赛中的能量维持

在青少年足球运动员的比赛中,有效的饮食策略是确保他们在比赛中发挥最佳水平的关键因素之一。在比赛中维持足够的能量水平对于持久的体能表现至关重要。在这方面,使用能量胶和运动饮料可以是有效的方法之一。

能量胶是一种易于携带和消化的高能量食品,通常富含碳水化合物,例如葡萄糖和葡萄糖聚合物。这些碳水化合物可以迅速提供能量,帮助运动员在比赛中保持高水平的表现。对于青少年足球运动员来说,能量胶是一种方便的选择,因为他们可以在比赛间隙或者比赛中随时摄入,而不会影响他们的表现或者消化系统。此外,能量胶还可以避免在比赛中出现饥饿感或消化不良的情况,因为它们提供了快速的能量补充,而且不需要大量的消化过程。

运动饮料在比赛中也起着至关重要的作用。这些饮料通常富含水、电解质和碳水化合物,可以帮助运动员补充水分、维持水电解质平衡,并提供能量。在激烈的足球比赛中,运动员会大量出汗,导致水分和电解质的丢失。因此,通过饮用运动饮料,可以帮助他们及时补充失去的水分和电解质,保持身体的水平衡,同时提供额外的能量支持。对于青少年运动员来说，选择适当的运动饮料是至关重要的，因为它们不仅可以提供所需的水分和能量，还可以帮助维持血糖水平，预防低血糖导致的疲劳和表现下降。

除了能量胶和运动饮料，还有一些其他的饮食策略可以帮助青少年足球运动员在比赛中维持良好的能量水平。首先，他们应该确保在比赛前充分补充水分和碳水化合物。这可以通过饮用足够的水和运动饮料，以及摄入高碳水化合物的食物，如全麦面包、水果和蔬菜来实现。其次，他们还应该在比赛中定期补充水分和能量，避免等到感到口渴或者饥饿时才补充。这可以通过定时喝运动饮料或者食用能量胶来实现，确保他们的身体在比赛中始终保持良好的状态。

另外，青少年足球运动员在比赛后也应该及时补充失去的水分和能量。比赛结束后的第一个小时是身体恢复的关键时期，此时摄入足够的水分和碳水化合物可以帮助他们更快地恢复体力和肌肉疲劳。因此，他们应该立即饮用运动饮料或者水，并在比赛后尽快进食含有高质量碳水化合物和蛋白质的饮食，如水果、全麦面包、燕麦片和瘦肉。这样可以帮助他们恢复体力，减少肌肉损伤，并为下一场比赛做好准备。

总的来说，青少年足球运动员在比赛中使用能量胶和运动饮料是一种有效的饮食策略，可以帮助他们补充能量和液体，维持良好的体能表现。除此之外，他们还应该在比赛前充分补充水分和碳水化合物，定期在比赛中补充水分和能量，并在比赛后及时恢复失去的水分和能量。通过合理的饮食策略，青少年足球运动员可以最大限度地发挥他们的潜力，取得更好的比赛成绩。

三、比赛后的快速恢复

比赛后的快速恢复对于青少年足球运动员来说至关重要。在比赛结束后的30分钟内，正确的营养补充和恢复餐的构成能够帮助他们更快地恢复体力、补充能量，减少疲劳，促进肌肉修复和生长，为下一场比赛或训练做好准备。因此，制定科学合理的饮食策略对于他们的体能发展和成长至关重要。

首先，比赛后的30分钟内是恢复的黄金时期，因此足球运动员应该尽快补充体内的水分和电解质。在比赛中，他们大量的出汗失去了大量的水分和电解质，因此需要及时进行补充。一般来说，运动饮料是一个不错的选择，因为它们含有适量的电解质和碳水化合物，能够快速补充水分和能量。此外，普通的水也是必不可少的，足球运动员应该在比赛结束后立即开始饮水，并在接下来的几个小时内持续饮水，直到尿液呈现淡黄色为止。

除了水分和电解质的补充之外，恢复餐的构成也是非常重要的。理想的恢复餐应该包含足够的碳水化合物和蛋白质，以及一些健康的脂肪和微量营养素，以促进肌肉的修复和能量的恢复。

碳水化合物是恢复的主要能量来源，因此恢复餐应该包含高质量的碳水化合物。优质的碳水化合物来源包括全麦面包、燕麦、米饭、土豆等。这些食物能够提供持久的能量，有助于补充体内的糖原储备，促进肌肉和肝脏的恢复。

此外，蛋白质也是非常重要的营养素，它是肌肉修复和生长的关键。因此，恢复餐应该包含足够的高质量蛋白质。优质的蛋白质来源包括鸡肉、鱼、鸡蛋、豆类和乳制品。蛋白质可以帮助修复受损的肌肉纤维，促进肌肉的生长和恢复。

除了碳水化合物和蛋白质之外，恢复餐还应该包含一些健康的脂肪，例如橄榄油、鱼油、坚果和种子。这些脂肪能够提供额外的能量，并有助于吸收脂溶性维生素，促进身体的健康和恢复。此外，恢复餐还应该包含丰富的维生素和矿物质。水果和蔬菜是很好的选择，它们提供了丰富的维生素、矿物质和抗氧化剂，有助于减少运动后的炎症反应，促进身体的恢复和健康。

所以，比赛后的快速恢复对于青少年足球运动员来说至关重要。他们应该在比赛结束后的 30 分钟内尽快补充体内的水分和电解质，并通过科学合理的恢复餐来补充能量、促进肌肉修复和生长，为下一场比赛或训练做好准备。正确的饮食策略不仅可以提高他们的运动表现，还可以促进他们的身体健康和发展。

四、长期比赛周期中的营养调整

青少年足球运动员需要通过科学合理的饮食策略来支持他们的训练和比赛，以确保他们能够发挥最佳水平并保持良好的健康状态。在比赛周期中，特别是在连续比赛日程中，营养调整显得尤为重要。

连续比赛日程可能会对运动员的身体和心理造成很大的负担。疲劳的积累、肌肉疲劳以及心理压力都可能影响到运动员的表现。因此，通过调整饮食计划，我们可以帮助运动员更好地适应这种挑战。

在连续比赛日程中，能量供给是关键。足球是一项高强度的运动，运动员需要足够的能量来支持他们的训练和比赛。因此，确保足够的碳水化合物摄入是至关重要的。在连续比赛日程中，运动员可能会消耗更多的能量，因此需要增加碳水化合物的摄入量，以补充耗尽的能量储备。优质的碳水化合物来源包括全谷物、水果、蔬菜等，这些食物不仅能够提供能量，还富含其他重要的营养素。

在连续比赛日程中，蛋白质也是至关重要的。蛋白质是肌肉修复和生长的关键，对于恢复和预防肌肉损伤至关重要。因此，确保足够的蛋白质摄入是必不可少的。优质的蛋白质来源包括鸡肉、鱼类、豆类、坚果等。在比赛前后，增加蛋白质的摄入量可以帮助促进肌肉的修复和生长。

脂肪也是一种重要的营养素，在长期比赛周期中也需要加以关注。脂肪是能量的重要来源之一，尤其是在长时间的运动中，当碳水化合物储备耗尽时，脂肪将成为主要的能量来源。因此，确保摄入足够的健康脂肪是必不可少的。优质的脂肪来源包括橄榄油、鱼油、坚果等。然而，需要注意的是，摄入过多的脂肪可能会影响消化和吸收，因此需要保持适度。

在连续比赛日程中，水分摄入也是非常重要的。足球是一项高强度的运动，运动员可能会因为大量的出汗而失去大量的水分。因此，保持水分平衡对于确保运动员的表现和健康至关重要。在比赛前、比赛中和比赛后都应该保持充足的水分摄入，以确保足够的水分供应。

除了以上提到的主要营养素外，维生素和矿物质也是非常重要的。维生素和矿物质在体内扮演着各种各样的角色，包括帮助新陈代谢、支持免疫系统、促进肌肉功能等。因此，确保摄入足够的维生素和矿物质是非常重要的。优质的维生素和矿物质来源包括新鲜水果、蔬菜、全谷物等。

除了饮食方面的调整外，睡眠和恢复也是至关重要的。在连续比赛日程中，确保充足的睡眠时间和良好的恢复是非常重要的，这可以帮助运动员缓解疲劳、恢复肌肉功能，以及调整身体状态以迎接下一场比赛。

综上所述，在青少年足球运动员的长期比赛周期中，通过科学合理的饮食调整可以帮助运动员更好地适应连续比赛日程的挑战。确保足够的能量供给、蛋白质摄入、健康脂肪摄入、水分摄入以及维生素和矿物质摄入是至关重要的。此外，保持充足的睡眠时间和良好的恢复也是非常重要的。通过这些营养调整策略，青少年足球运动员可以在连续比赛日程中保持良好的表现和健康状态。

五、应对比赛日常见问题的营养策略

青少年足球运动员的饮食策略在比赛前、比赛中和比赛后都至关重要，直接影响着他们的体能表现、恢复能力和健康状况。而在应对比赛日常见问题时，尤其需要精心设计的营养策略来应对赛前紧张、消化不良等问题。

青少年足球运动员通常会面临赛前紧张的情绪，这可能会影响他们的食欲和消化系统。因此，他们需要注意选择易消化的食物，并在比赛前适当控制饮食量。建议他们在比赛前 2~3 小时进食，以确保有足够的时间将食物消化吸收，并避免食用过于油腻或高纤维的食物，这些食物可能会导致消化不良。相反，他们可以选择一些清淡易消化的食物，如白米饭、煮熟的蔬菜、水果等，来保证能量的供给，同时又不会给消化系统增加负担。

足球运动员还可以通过补充一些特定的营养素来帮助缓解赛前紧张。例如，镁是一种被证明能够缓解焦虑和紧张情绪的矿物质，他们可以通过食用含有丰富镁的食物，如坚果、豆类、绿叶蔬菜等，来增加镁的摄入量。此外，维生素 B 族也被认为对神经系统的正常功能有重要作用，他们可以通过食用富含维生素 B 的食物，如全谷类、禽肉、鸡蛋等，来帮助缓解紧张情绪。

对于消化不良的问题，青少年足球运动员可以采取一些特定的营养策略来缓解症状。首先，他们可以尝试增加膳食纤维的摄入量，膳食纤维有助于促进肠道蠕动，减缓食物在肠道中的停留时间，从而减少消化不良的发生。他们可以通过食用更多的水果、蔬菜、全谷类等食物来增加膳食纤维的摄入量。此外，他们还可以选择一些含有益生菌的食物，如酸奶、发酵蔬菜等，来促进肠道菌群的平衡，改善消化系统的功能。

另外，饮食中的饮水也是关键。足球运动员在比赛前要确保充分的水分摄入，但是要避免在比赛前过量饮水，以免造成不适。一般来说，他们可以在比赛前 1~2

小时饮用适量的水，以确保充分水分的补充，同时避免频繁地小口喝水，以免影响消化系统的正常功能。

　　总的来说，通过精心设计的营养策略，青少年足球运动员可以有效地应对赛前紧张、消化不良等问题。他们可以选择易消化的食物，并注意控制饮食量，同时补充一些特定的营养素，如镁和维生素 B 族，来帮助缓解紧张情绪。此外，增加膳食纤维和益生菌的摄入量，以及适量的饮水，也都可以帮助改善消化系统的功能，减少消化不良的发生。

第七章　伤病预防与康复在青少年足球
培养中的应用

在第七章中，我们将深入探讨伤病管理在培养青少年足球运动员过程中的重要性。伤病是每位运动员职业生涯中不可避免的一部分，尤其是在高强度、高对抗性的足球运动中。对于青少年运动员来说，正确的伤病预防与康复措施不仅能够减少受伤的风险，还能在受伤后加速恢复，确保运动生涯的持续性和发展。

在伤病预防与康复的重要性一节中，我们将讨论为何在青少年足球培养过程中，关注伤病管理至关重要。伤病不仅会中断年轻运动员的训练和比赛，还可能对他们的身体健康和运动生涯造成长远的影响。通过科学的训练方法、合理的体能准备和正确的运动技术，可以有效预防伤病的发生。

第二节将集中于青少年足球运动员常见的伤病类型及其预防措施。了解不同类型的伤病和它们的成因，可以帮助教练员、运动员以及家长们采取针对性的预防措施。从肌肉拉伤、关节扭伤到更严重的骨折和脱臼，每一种伤害都需要特定的预防策略。

整体而言，本章旨在提供一个全面的视角，帮助读者理解伤病预防与康复在青少年足球培养中的重要性和实践方法。通过这些知识和技能的应用，我们可以为青少年足球运动员提供一个更安全、更健康的发展环境，让他们能够在避免伤病的同时，最大限度地发挥自己的潜力。

第一节 伤病预防与康复的重要性

一、认识伤病对青少年运动员的影响

在运动领域，尤其是在青少年运动员的成长过程中，伤病无疑是一大挑战，它不仅可能影响到运动员的职业生涯，更有可能对他们的身心健康产生深远的影响。伤病对青少年运动员的影响是多方面的，包括对运动生涯的直接影响，对身体健康的长期影响，以及心理和情绪上的影响。这些影响相互交织，共同构成了伤病对青少年运动员的全面影响。

从对运动生涯的影响来看，伤病可能导致青少年运动员暂时或永久退出他们所热爱的运动。对于那些处于关键成长期的青少年来说，伤病可能意味着错过重要的比赛和训练，这对于他们技能的提升和运动水平的提高是一个巨大的阻碍。在一些情况下，严重的伤病甚至可能迫使运动员提前结束运动生涯，这对于那些把运动看作是职业道路的青少年来说是一个沉重的打击。即使是那些能够从伤病中恢复过来的运动员，他们也可能发现自己在恢复期间错过了太多，以至于很难再回到原来的竞技水平。

伤病对身体健康的长期影响也不容忽视。虽然一些伤病在短期内可以得到恢复，但它们可能会留下长期的健康问题，如慢性疼痛、关节炎或其他运动性损伤。这些长期的健康问题不仅会影响到青少年运动员在运动领域的表现，还可能影响到他们日常生活的质量。在某些情况下，运动员为了在竞技上保持竞争力，可能会过早地返回赛场，这种行为增加了再次受伤的风险，从而进一步恶化了他们的健康状况。

而且同样重要的是，伤病对青少年运动员的心理和情绪影响。受伤和随之而来的恢复过程往往是漫长和艰难的，这对于任何人来说都是一个重大的心理挑战，尤其是对青少年运动员而言。他们可能会经历失落、焦虑、抑郁等一系列复杂的情绪反应。对于习惯于通过体育活动来定义自己的青少年来说，伤病可能会引发身份危机，让他们质疑自己的价值和未来。此外，长期的康复过程可能会让运动员感到孤独和隔绝，因为他们可能无法与队友一起训练和比赛，这种社交隔离感可以加剧他们的心理负担。

应对伤病的过程要求青少年运动员不仅要有强大的身体恢复能力，还需要有坚韧的心理素质。这意味着在处理青少年运动员的伤病时，除了提供医疗和康复支持外，还需要提供心理和情感上的支持。这可能包括心理咨询、与其他经历过类似情况的运动员的交流，以及建立一个支持性的社群，帮助他们在心理上应对伤病的挑战。

综上所述，伤病对青少年运动员的影响是深远和多方面的，涉及运动生涯的中断、身体健康的长期损害以及心理和情绪上的挑战。这强调了在青少年运动员的训练和比赛中，采取预防措施的重要性，以及在伤病发生时，提供全面支持的必要性。

二、科学训练方法的重要性

在当代体育科学领域，科学训练方法的重要性已经得到了广泛的认可和重视。特别是在竞技体育，如足球、篮球、田径等领域，科学训练方法的应用不仅能够显著提高运动员的表现，还能有效预防运动伤害，延长运动员的职业生涯。在青少年足球培养模式中，个性化训练计划的制定、力量和耐力训练的平衡，以及技术动作的正确性，是科学训练方法中极为关键的几个方面。

个性化训练计划的制定是科学训练方法的核心。每个运动员都有其独特的身体条件、技术基础、心理状态和生理反应。因此，一个高效的训练计划必须考虑到这些因素，以满足每位运动员个性化的需求。个性化训练计划的制定需要基于详细的运动员评估，包括但不限于身体成分分析、运动能力测试、技术技能评估以及心理健康检查。通过这些评估，教练能够准确地了解每位运动员的优势和劣势，从而设计出旨在提高个人表现、加强技能、优化身体条件和增强心理韧性的训练计划。

力量和耐力训练的平衡对于运动员的全面发展至关重要。力量是运动员发挥技术动作所必需的基础，而耐力则是确保运动员在比赛中持续进行高水平表现的关键。过度强调力量训练而忽视耐力训练，或者反之，都将导致运动员在比赛中的表现不尽如人意。因此，科学的训练方法需要将力量和耐力训练有效结合，以实现最佳的训练效果。这通常涉及周密的训练计划，其中包括针对性的力量训练环节以增强肌肉力量和爆发力，以及耐力训练环节以提高心肺功能和持久力。通过这种平衡，运动员能够在保持高强度运动的同时，延长其高水平表现的时间，显著提升比赛成绩。

技术动作的正确性是实现优秀运动表现的基础。在足球等技术性强的运动中，正确的技术动作不仅能够提高运动效率，还能有效降低受伤风险。因此，确保训练过程中技术动作的正确性，是每一位教练员和运动员都应当重视的问题。这要求教练员具备丰富的专业知识和经验，能够准确诊断运动员技术动作中的不足，并提供专业的指导和改进策略。同时，运动员也需要通过持续的练习和反馈，不断矫正和优化技术动作。在这一过程中，视频分析等现代技术手段可以作为重要工具，帮助教练和运动员更加客观、细致地分析技术动作，发现问题并进行针对性训练。

综上所述，科学训练方法在青少年足球培养中发挥着至关重要的作用。个性化训练计划的制定、力量和耐力训练的平衡，以及技术动作的正确性，是构成科学训练方法核心内容的三大要素。通过对这些要素的深入理解和正确应用，可以有效提升青少年足球运动员的训练效果，为其未来的成长和发展奠定坚实的基础。

三、合理体能准备的角色

一个科学的体能准备方案不仅可以提高青少年球员的运动表现，还能有效预防运动伤害，确保球员的长期发展。此篇章详细探讨了热身和拉伸的科学方法、体能测试与评估以及适龄体能训练计划的重要性和实施策略。

热身和拉伸是体能训练和比赛前不可或缺的一环，其主要目的是通过提高肌肉温度和增加关节活动范围来准备身体进行即将到来的运动负荷。科学的热身应该包括低强度的有氧运动和专门针对足球运动中常用肌群的动态拉伸。例如，开始时可以通过慢跑10分钟来提升全身温度，接着进行针对腿部、腰部和背部的动态拉伸，如腿摆、侧身拉伸等，每个动作持续时间约15~30秒，重复几组。这样的热身能够有效减少运动中的肌肉拉伤和其他软组织损伤风险，同时提升运动表现。

在训练或比赛后，进行静态拉伸也同样重要，这有助于放松肌肉，促进血液循环，加速乳酸的分解和排除，减少肌肉酸痛和僵硬。静态拉伸要求保持拉伸的姿势 30 秒以上，逐渐深入拉伸，而不是进行快速弹性的动作。

体能测试与评估是青少年足球训练中不可或缺的一部分，它能够帮助教练和训练师了解球员的体能水平，识别其强项和弱点，从而制定更加个性化和有效的训练计划。体能测试通常包括有氧耐力、速度、力量、灵活性和敏捷性等方面。例如，可以通过耐力跑测试（如 Cooper 测试）来评估有氧耐力，通过 30 米冲刺来测试速度，通过立定跳远来评估爆发力，以及通过 T 型敏捷测试来评估球员的敏捷性和变向能力。体能评估不仅在训练前期进行，而且应该作为一个持续的过程，定期重复，以监测球员的进步和调整训练计划。此外，评估结果应该与年龄相关的体能标准进行比较，以确保训练计划的适宜性和安全性。

四、正确的运动技术与装备

正确的运动技术与装备对于任何体育活动的成功和安全性都至关重要。这一点在青少年足球训练中尤为显著，因为这个阶段的运动员正处于技能发展和生理成长的关键时期。正确的技术不仅可以提高运动表现，还能有效预防运动伤害。此外，选择合适的运动装备和确保运动环境的安全性也是保障运动员健康和提高训练效果的基础。

运动技能的教授和学习是一个系统而复杂的过程，它要求教练员不仅具备深厚的足球技术知识，还需要了解青少年的生理和心理发展特点。正确的技术教授应从基本动作开始，逐步过渡到更复杂的技术动作，确保运动员能够在正确的指导下，循序渐进地掌握技能。此过程中，反馈和修正至关重要。教练员需要通过观察、视频分析等方式，及时发现运动员技术动作中的错误，并给予具体、可操作的建议来帮助运动员改进。此外，理论教学也不容忽视，运动员应了解每项技术的原理和目的，这有助于他们更好地理解技术的应用场景和重要性。

选择合适的运动装备对于青少年足球训练同样重要。装备的选择不仅影响运动表现，更直接关系到运动员的安全。足球鞋、护膝、护腿板等都应根据运动员的具体需要和特点进行选择。例如，足球鞋的选择应考虑到场地类型（草地、硬地或人造草）、鞋底类型以及适合运动员脚型的款式。合适的装备可以最大限度地减少受伤风险，提高运动表现。此外，随着技术的发展，一些高科技运动装备如基于 GPS 的运动监测设备、智能护腿板等，也开始被应用于训练中，这些设备可以帮助教练和运动员更精确地监测训练效果和身体状态，从而进行更有针对性的训练调整。

运动环境的安全性是另一个不可忽视的方面。无论是室内还是室外训练，都需要确保环境符合安全标准。这包括但不限于场地的平整度、使用的器材和设施的维护状况，以及训练时的天气条件。教练员和运动员应该了解和遵守相关的安全规程，如热身准备、适度休息、及时补充水分等，以预防过度训练和热射病等风险。在训练和比赛中，应急准备也非常重要，包括基本的急救知识、紧急联系方式的准备等，以便在发生伤害时能够做出及时有效的响应。

总的来说，正确的运动技术和装备对于青少年足球训练的成功至关重要。通过系统的技术教学、合理的装备选择和安全的运动环境，可以有效提高运动表现，预防运动伤害，从而为青少年运动员的健康成长和体育生涯发展打下坚实的基础。在这一过程中，教练的专业知识、教学方法和对学员个体差异的关注发挥着不可替代的作用。

五、培养健康意识和伤病预防文化

在青少年足球培养过程中，除了技术、战术和身体能力的提升，培养健康意识和伤病预防文化也是至关重要的一环。这不仅关乎青少年球员的即时表现，更关系到他们的长期发展和生涯规划。在这一过程中，教练、家长、运动员以及整个团队都扮演着不可或缺的角色。

教练和家长作为青少年球员成长道路上的指导者和守护者，他们的责任是多方面的。教练不仅要传授球员足球技能，更应该是健康意识和伤病预防知识的传播者。他们需要确保训练方法科学，避免不当训练导致的伤害；同时，也要教会球员如何正确地进行身体恢复和伤病预防。此外，教练还应该能够识别球员的身体异常信号，并及时采取措施，防止小伤变大病。而家长的责任则主要体现在对青少年球员的日常生活管理和心理支持上。家长需要为孩子提供一个健康的生活环境，保证足够的休息和营养，同时教育他们关于伤病预防的基本知识。在孩子遭遇伤病时，家长的理解和鼓励对于球员的恢复也起着至关重要的作用。

运动员的自我管理能力同样不可忽视。随着年龄的增长，青少年球员应该逐渐学会如何照顾自己的身体，包括但不限于正确的营养摄入、适量的休息和恢复、有效的伤病预防措施等。此外，他们还需要学会如何平衡训练、比赛和学习生活，避免过度训练和心理压力过大。在这一过程中，球员需要培养出良好的自我觉察能力，能够及时感知身体的异常信号，并采取相应的措施。这不仅能够帮助他们减少伤病的风险，还能够提高他们的训练效率和比赛表现。

团队中的健康和安全文化的建立是所有成员共同的责任。这包括创建一个积极的环境，鼓励开放的沟通和相互支持。在这样的文化中，球员应该感到自己的健康和安全是团队关注的重点，他们可以在遇到问题时寻求帮助而不必担心受到负面评价。此外，团队还可以定期举办健康和安全方面的教育活动，邀请专业人士来讲解相关知识，提高球员和教练团队的意识和能力。通过这些措施，可以有效地减少伤病的发生，同时促进球员之间的团结和协作。

总之，培养青少年球员的健康意识和伤病预防文化是一个系统工程，需要教练、家长、球员以及整个团队的共同努力。通过科学的训练方法、合理的生活管理、强大的自我管理能力以及积极的团队文化，可以有效地保护球员的健康，延长他们的运动生涯，同时也为他们的整体成长奠定坚实的基础。在这个过程中，每个人的责任都是不可或缺的，只有大家共同努力，才能真正实现青少年足球培养的目标，让足球成为他们成长道路上的一份珍贵财富。

第二节　青少年足球运动员常见伤病类型及预防措施

一、肌肉拉伤和预防

肌肉拉伤是运动领域中常见的一种伤害，尤其在高强度和高频率的体育活动中更为常见。这种伤害不仅给运动员带来痛苦，还可能导致他们长时间无法参与训练和比赛，因此，了解肌肉拉伤的成因、采取有效的预防措施和训练调整，以及掌握正确的热身和恢复技术，对于运动员来说至关重要。

肌肉拉伤通常是由于肌肉在未充分准备的情况下，经历了超出其承受能力的拉伸或负荷。这种超负荷可以是突然的一次性事件，如在跑步、跳跃或抛投时不慎扭伤，也可以是由于长期过度使用特定肌群而逐渐累积的损伤。肌肉拉伤的原因多种多样，包括但不限于肌肉疲劳、力量不平衡、技术不当、装备使用不当，以及环境因素如场地不平或穿着不适当的鞋子。

预防肌肉拉伤的第一步是充分了解运动员自身的体能状态和训练水平，确保训练计划与个人能力相匹配。过度训练是导致肌肉拉伤的一个重要原因，因此，制定合理的训练计划并遵循适当的休息和恢复时间是非常重要的。此外，加强核心肌群的训练可以帮助改善身体的整体稳定性和协调性，从而降低受伤风险。

技术方面的调整也是预防肌肉拉伤的关键。正确的运动技术不仅可以提高运动效率，还可以避免不必要的肌肉紧张和过度拉伸。运动员应该在专业教练的指导下训练，确保动作的正确性和有效性。同时，使用合适的运动装备，如合脚的运动鞋，也是预防拉伤的重要方面。

热身和恢复是预防肌肉拉伤的两个关键环节。热身活动有助于提高肌肉温度和血液循环，增加肌肉的弹性和柔韧性，从而降低运动中受伤的风险。有效的热身应包括轻度有氧运动和针对即将进行的运动类型的动态拉伸。例如，跑步前可以进行快走或慢跑，逐渐加快速度，并做一些高抬腿、腿摆等动态拉伸运动。

运动后的恢复同样重要。这一阶段的目标是帮助肌肉恢复到运动前的状态，减少肌肉酸痛和疲劳。恢复技术包括静态拉伸、冷敷、按摩和适度的恢复性运动等。静态拉伸有助于放松肌肉，恢复肌肉长度和柔韧性。冷敷可以减少炎症和肌肉疼痛。按摩则有助于促进血液循环，加速代谢废物的排除。恢复性运动，如低强度的有氧运动，可以帮助肌肉放松，恢复肌肉和心血管系统的功能。

总之，肌肉拉伤虽然是运动中常见的伤害，但通过合理的训练计划、正确的运动技术、充分的热身和有效的恢复措施，大多数肌肉拉伤是可以预防的。作为运动员，了解这些基本原则并将其应用于日常训练中，是保持身体健康、提高运动表现的关键。

二、关节扭伤和韧带损伤

关节扭伤和韧带损伤是运动医学领域中常见的运动伤害，它们不仅对运动员的职业生涯构成威胁，也会影响到日常生活中的活动能力。这类伤害通常发生在突然的冲击或不当的动作下，导致关节超出正常活动范围，进而引起韧带拉伤或撕裂。理解这些损伤的机理，采取有效的稳定性训练和防护措施，以及掌握应对急性扭伤的正确方法，对于预防和减轻伤害至关重要。

扭伤和韧带损伤的机理涉及关节和韧带在受到外力作用时的生物力学反应。关节是由两个或多个骨头构成的连接部位，其稳定性主要依赖于周围的韧带、肌肉和肌腱。韧带是一种坚韧的纤维结构，主要功能是连接骨与骨，限制关节的过度运动，保护关节不受损伤。当关节遭受突然的扭曲或冲击时，如果力量超过韧带的承受范围，就会导致韧带的拉伤或撕裂，从而产生扭伤和损伤。这类损伤不仅会引起剧烈的疼痛，还可能导致关节稳定性下降，影响关节的正常功能。

为了预防关节扭伤和韧带损伤，稳定性训练和防护措施显得尤为重要。稳定性训练旨在通过增强周围肌肉的力量和耐力，提高关节的稳定性和抗外力能力。这类训练通常包括对核心肌群的加强、平衡能力的训练以及专项的灵活性练习。例如，对于膝关节的稳定性训练，可以通过深蹲、腿举、单腿站立平衡等动作来增强大腿前后肌群的力量，从而提升膝关节的稳定性和支撑能力。此外，适当的防护措施，如佩戴护具、使用运动胶带等，也可以在一定程度上限制关节的过度活动，减少受伤风险。

当急性扭伤发生后，及时和正确的应对措施对于减轻伤害、加速康复至关重要。一般推荐的急性期处理方法遵循 RICE 原则，即休息（Rest）、冰敷（Ice）、压迫（Compression）和抬高（Elevation）。首先，应立即停止一切可能加重伤害的活动，让受伤关节得到充分休息。接着，使用冰袋对受伤部位进行冰敷，每次 20～30 分钟，每 4～6 小时一次，以减轻疼痛和肿胀。同时，可以用弹性绷带对受伤关节进行适度的压迫，以控制肿胀并提供支撑。最后，尽量将受伤部位抬高至心脏水平以上，有助于减少肿胀。值得注意的是，这些措施仅适用于伤害初期，对于严重的扭伤和韧带损伤，应尽快就医，以获得专业的诊断和治疗。

总之，关节扭伤和韧带损伤虽然是运动中常见的伤害，但通过科学的理解和预防措施，大多数伤害是可以避免的。稳定性训练和适当的防护可以显著降低受伤风险，而对于急性扭伤的正确处理，则是保障快速恢复的关键。运动员和普通人都应重视这些知识，以保护好自己的关节和韧带，享受健康、活跃的生活。

三、骨折和脱臼的处理

在运动领域，尤其是接触性强、对抗激烈的运动中，骨折和脱臼是常见的伤害类型。这些伤害不仅会给运动员带来巨大的痛苦，还可能影响其职业生涯乃至生活质量。因此，了解如何有效处理骨折和脱臼，采取合适的高风险动作防护策略，以及正确使用防护装备，对于预防和减少这类伤害至关重要。

高风险动作，如跳跃、猛烈冲撞、快速转向等，在许多运动中都很常见。这些动作由于其本身的强度和突然性，很容易导致运动员发生不稳定落地、相互碰撞等情况，从而引发骨折或脱臼。因此，制定和实施有效的防护策略显得尤为重要。

首先，加强运动员的体能和技术训练是基础。通过系统的力量、柔韧性、平衡性和技术训练，增强运动员的身体素质和对高风险动作的控制能力，可以有效减少受伤风险。例如，对于篮球、足球等运动员，进行专门的跳跃训练和落地技巧训练，可以显著降低踝关节扭伤和膝盖损伤的风险。

其次，制定科学合理的训练计划和比赛策略也非常关键。过度训练、疲劳累积以及不恰当的比赛安排都可能增加运动员受伤的风险。因此，教练和训练团队需要根据运动员的体能状况和比赛需求，合理规划训练强度和比赛节奏，确保运动员在最佳状态下参与比赛。

一旦发生骨折或脱臼，现场的第一反应和紧急处理对于减轻伤害、防止伤情加重具有至关重要的作用。首先，遇到此类伤害时，现场人员（如教练、队医、急救人员）需要迅速评估伤情，判断是否为骨折或脱臼。判断的依据包括受伤部位的疼痛程度、变形、肿胀等。

对于疑似骨折或脱臼的伤害，最重要的原则是尽量减少对伤者移动，避免对伤处造成二次伤害。如果需要转移伤者，应尽量固定伤处，使用夹板或其他固定装置。同时，立即联系专业医疗机构，尽快将伤者送往医院进行进一步的诊断和治疗。

在等待专业救治的过程中，可以采取一些基本的急救措施，如使用冰袋对受伤部位进行冷敷，以减轻肿胀和疼痛。但需要注意的是，直接的冰敷可能会导致皮肤损伤，因此应在冰袋和皮肤之间放置一层布料。

在预防和减少骨折和脱臼方面，正确选择和使用防护装备同样重要。防护装备，如护膝、护腕、护肩等，可以在高风险动作中为运动员提供额外的支撑和保护，减少受伤风险。此外，针对特定运动的专用防护装备，如橄榄球运动员的全身防护服、篮球运动员的护腿板等，都是经过精心设计，旨在保护运动员在比赛和训练中的安全。

选择合适的防护装备时，需要考虑装备的材质、设计、舒适度和适用性。高质量的防护装备应能提供足够的保护，同时不影响运动员的运动性能和舒适度。因此，运动员在选购防护装备时，应尽可能进行试穿和测试，确保装备既能提供有效的保护，又不妨碍正常的运动表现。

总之，通过增强体能和技术训练、实施科学的训练和比赛计划、采取有效的现场急救措施以及正确使用防护装备，可以显著降低运动员发生骨折和脱臼的风险，保护运动员的健康和安全。在运动竞技中，只有确保了运动员的身体健康，才能实现更好的运动表现和职业发展。

四、足球特有伤病及其预防

足球作为一项全球受欢迎的体育运动，它的快速、对抗性特点使得参与者在比赛和训练中经常面临受伤的风险。足球运动员常见的伤害类型往往与运动特性密切相关，包括了因高强度、长时间的身体对抗和运动导致的重复性伤害，以及由场地和气候因素引起的特定伤害。此外，技术动作的不当执行也是造成伤害的重要原因之一。因此，了解这些伤害的成因并采取有效的预防措施对于保护运动员的健康至关重要。

在足球运动中，重复性伤害是非常常见的问题，尤其是对于那些经常进行同一动作的运动员。例如，频繁的射门、长距离奔跑和急停急转等动作会对膝盖、脚踝和肌肉造成重复性的压力和损伤。这些重复动作导致的伤害，如肌肉拉伤、腱炎和韧带损伤，不仅影响运动员的表现，还可能导致长期的健康问题。为了预防这类伤害，运动员和教练员需要重视运动前的热身和运动后的拉伸，以提高肌肉的柔韧性和耐力。同时，适当的体能训练，如力量和耐力训练，也可以增强肌肉和韧带，减少受伤风险。

场地和气候因素对足球运动员的伤害风险也有显著影响。不平整的场地可能导致运动员跌倒或扭伤，尤其是在湿滑的条件下。因此，确保比赛和训练场地的安全性至关重要，包括定期维护草地和检查场地的平整度。此外，极端的气候条件，如高温或寒冷，都会增加运动员受伤的风险。高温可能导致中暑或脱水，而寒冷天气则可能导致肌肉僵硬和反应速度下降，增加受伤概率。因此，运动员在极端气候条件下训练和比赛时，应采取相应的预防措施，如适当的补水、穿着适合的运动装备和合理安排运动强度和时间。

技术动作的优化和调整是预防足球伤害的另一个重要方面。不正确的技术动作不仅会降低运动效率，还可能直接导致伤害。例如，错误的射门技术可能导致腿部肌肉或膝盖受伤，而不当的抢断方式则可能增加脚踝扭伤的风险。因此，教练员需要对运动员进行正确技术动作的培训，确保他们在训练和比赛中采用正确的姿势和动作。此外，视频分析等现代技术手段可以帮助教练和运动员分析技术动作，及时发现并纠正不当之处。

除了上述预防措施外，还有其他一些方法可以帮助减少足球运动中的伤害风险。首先，运动员的个人防护装备，如护腿板和合适的足球鞋，对于防止腿部和脚部伤害非常重要。其次，合理的训练计划和充足的休息时间可以帮助运动员避免过度训练和疲劳，这是导致运动伤害的常见原因之一。最后，及时的伤害诊断和治疗对于预防伤害恶化和加速康复过程同样重要。运动员在受伤后应立即寻求专业的医疗建议，并遵循医生的治疗计划。

　　总之，通过对足球特有伤病及其预防措施的深入了解和实施，可以显著降低运动员的受伤风险，保障他们的健康和运动生涯。这不仅需要运动员本人的努力，还需要教练员、医疗团队和相关体育机构的共同协作和支持。通过科学的训练方法、安全的运动环境和正确的技术动作，足球运动员可以在享受这项运动所带来的乐趣和挑战的同时，最大限度地减少受伤的风险。

第八章　教练员培训与管理

在第八章中，我们将深入探讨在青少年足球培养体系中，教练员所扮演的角色及其重要性。教练员不仅是技术和战术的传授者，更是青少年球员心理、情感以及职业态度的塑造者。随着足球运动的全球普及和竞技水平的日益提高，对于教练员的要求也随之升高，这不仅体现在专业技能的提升上，更在于对教练员的综合素质要求。

本章将从四个方面展开讨论：首先，我们将梳理和阐述青少年足球培养中教练员的职责和要求，这不仅包括对足球技术和战术的掌握，更重要的是对青少年球员身心发展的关注和指导。教练员的角色远超越了传统意义上的"教练"，他们是导师、心理顾问乃至生活指导者。其次，本章将探讨教练员在技术战术指导及球员心理调节等方面的方法和策略。这包括如何根据青少年球员的不同成长阶段和个性特点，采取个性化的教学方法，以及如何在比赛中调整战术、管理球员情绪等。最后，本章将着重介绍教练员培训体系的建设，探讨如何通过系统化、科学化的培训体系，提升教练员的专业技能和综合素质，包括但不限于定期的培训课程、研讨会和国际交流活动。这些活动旨在不断提升教练员对足球运动的深度理解以及对青少年球员成长需求的敏锐洞察力。

通过深入探讨这些内容，本章旨在为青少年足球培养体系中的教练员培训与管理提供一套科学、系统的理论指导和实践方案，以促进青少年足球运动的健康发展和球员个人能力的全面提升。

第一节 青少年足球培养中教练员的职责和要求

一、基础技能与战术理解的重要性

在青少年足球培养中，教练员扮演着至关重要的角色。他们不仅是技术和战术知识的传递者，更是青少年成长路径上的指导者和心理支柱。教练员的职责远远超出了传授足球技能的范畴，涉及运动员的全面发展，包括技术、战术、体能、心理和社会适应能力等方面。

足球规则与基本技术的掌握是青少年足球培养的基石。教练员必须具备扎实的足球技术知识和理论基础，这包括对足球规则的全面了解和基本技术动作的精确掌握。在青少年足球训练中，教练员需要通过科学有效的训练方法，将这些基本技能如控球、传球、射门等教授给青少年球员。这不仅要求教练员自身具备高超的足球技能，还要求他们能够设计出既有趣又有效的训练课程，激发青少年球员的学习兴趣和热情，同时确保训练的安全性。

战术布置与游戏理解能力的培养对于青少年球员的成长至关重要。教练员不仅需要教授球员个人技术，更要培养他们的战术意识和比赛智慧。这要求教练员具备深厚的战术知识和丰富的比赛经验，能够根据球队的实际情况和对手的特点，制定出合理的战术布置。教练员还需要教会球员如何在比赛中读懂对手的战术安排，做出快速反应和适当调整。这不仅能够提升球队的整体表现，还能帮助青少年球员在比赛中增强应变能力，提升解决问题的能力。

体能训练与管理是青少年足球培养中不可忽视的一环。随着竞技水平的提升，对球员的体能要求也越来越高。教练员需要根据青少年球员的年龄、发育状况和体能水平，设计出科学合理的体能训练计划。这包括力量、速度、耐力和灵活性等方面的训练，旨在全面提升球员的身体素质。同时，教练员还需要密切关注球员的身体状况，合理安排训练强度和休息时间，预防运动伤害的发生，确保球员的健康成长。

在青少年足球培养中，教练员的责任远不止于此。他们还需要关注球员的心理健康，帮助他们建立自信，培养良好的比赛心态和团队精神。教练员应当通过正面的沟通和鼓励，帮助球员克服训练和比赛中遇到的困难，引导他们正面应对失败和挫折。此外，教练员还需要培养球员的社会责任感和道德观念，使他们成为既有足球天赋又具备良好人格品质的优秀运动员。

综上所述，教练员在青少年足球培养中的职责是多方面的，要求不仅是足球技术和战术的传授者，更是青少年成长的引导者和支持者。教练员的专业知识、教育理念和人格魅力，对青少年球员的成长和发展具有深远的影响。

二、对青少年球员身心发展的关注

在青少年足球培养中，教练员的角色远超越了技术训练的范畴，他们是青少年球员成长道路上的指导者和心灵的守护者。教练员不仅需要具备足球技术和战术的专业知识，更重要的是，他们必须对青少年球员的身心发展给予深切的关注和支持。在这一过程中，心理健康的促进、团队精神与社会技能的发展，以及应对压力与挫折的策略成为教练员职责的重要组成部分。

心理健康是青少年发展的基石，对于追求高水平运动成就的足球少年来说尤为重要。教练员需要通过建立信任的师生关系，为青少年球员提供一个安全、支持的环境，让他们感到被尊重和理解。在日常训练和比赛中，教练员应该观察球员的情绪变化，及时发现心理问题的苗头，比如过度紧张、自信心下降或沟通障碍等，并采取积极的干预措施。这可能包括一对一的谈话，提供专业的心理咨询，或者通过团队活动增强球员的心理韧性。

团队精神和社会技能的培养是青少年足球培养中不可或缺的一环。教练员应该通过各种团队建设活动，如团队合作游戏、角色扮演等，促进球员之间的相互了解和信任。通过共同面对挑战和解决问题，球员们可以学会如何在团队中有效沟通、合作与冲突解决，这对于他们在球场内外的社会交往都是极其宝贵的经验。此外，教练员还需要教会球员如何在尊重对手、裁判和观众的同时，展现出积极的竞技精神和公平竞赛的态度，这些都是塑造球员社会责任感和领导能力的重要方面。

面对比赛的压力和不可避免的挫折，教练员的指导尤为关键。他们需要教会青少年球员如何正面看待失败，从中吸取教训并变得更加坚韧。这包括设置合理的目标、鼓励自我反思和持续的自我提升。教练员应该强调过程而非仅仅关注结果，让球员明白成长和进步比短期的胜利更加重要。此外，教练员还应该向球员传授具体的压力管理技巧，如呼吸练习、正念冥想等，帮助他们在高压环境下保持冷静和集中注意力。

在整个青少年足球培养过程中，教练员的职责是多方面的。他们不仅是技术和战术的传授者，更是青少年成长过程中的心理导师和生活指导者。通过对青少年球员身心发展的全面关注，教练员可以帮助他们建立起自信、责任感和团队精神，这些品质将伴随着球员在足球事业乃至整个人生旅程中发光发热。因此，作为一名青少年足球教练，既要求有丰富的足球知识和教学技巧，也需要具备深厚的心理学理解、优秀的人际沟通能力和敏锐的观察力。只有这样，才能培养出不仅技术高超，而且心理健康、社会适应能力强的青少年球员。

三、教练员的道德与职业行为标准

在青少年足球培养中，教练员扮演着至关重要的角色。他们不仅是技术和战术的传授者，更是青少年球员成长过程中的指导者和心灵导师。因此，教练员的职责远远超出了足球场内的训练与比赛，他们的道德与职业行为标准对于青少年球员的健康成长、心理建设以及品德培养具有深远的影响。

公平竞技与诚信行为是体育精神的核心，对于青少年足球培养尤为重要。教练员必须以身作则，强调诚信的重要性，确保所有的训练和比赛都在公平、公正的环境中进行。这意味着，在比赛中，教练员应当鼓励球员遵守规则，尊重对手、裁判员以及观众。在训练中，教练员应当保证所有球员都有平等的参与机会，公正地评价每位球员的表现。通过这样的行为标准，教练员不仅在培养球员的足球技能，更是在教育他们成为有道德的、讲诚信的人。

球员的安全与健康是青少年足球培养中的首要考虑。教练员必须具备足够的知识和能力，以识别训练和比赛中的安全隐患，防止意外伤害的发生。这包括但不限于，提供科学的体能训练指导、确保训练场地的安全、合理安排训练强度以避免过度训练。同时，教练员还应当能够在紧急情况下提供初步的医疗救护。在培养球员的过程中，教练员应当注重球员的心理健康，及时发现并干预可能的心理问题，如比赛焦虑、自信心缺失等，通过心理辅导和团队活动，帮助球员建立积极的心态，提高心理韧性。

积极反馈与正向激励对于青少年球员的成长至关重要。教练员的每一句话、每一个动作都可能对球员产生深远的影响。因此，教练员在提供技术和战术指导的同时，应当采用积极的反馈方式，鼓励球员的努力和进步，即使是在失败和挑战面前，也要引导球员从中学习和成长。正向激励不仅能够增强球员的自信心和动力，还能够促进团队的凝聚力和合作精神。教练员应当根据每位球员的个性和需求，设计个性化的激励计划，帮助他们设定并实现目标，从而在足球技能和个人成长上都取得进步。

四、持续学习与自我提升的必要性

在青少年足球培养中，教练员不仅是教授技术和战术的人，更是青少年球员成长道路上的引导者和榜样。因此，教练员需要不断学习和提升自我，以应对足球运动的不断变化和青少年球员的需求。

首先，了解并掌握最新的足球教学法至关重要。随着足球运动的发展，教学方法也在不断更新和改进。教练员需要时刻关注最新的教学理念和方法，不断反思和调整自己的教学方式。这包括如何有效地组织训练课程，如何引导球员掌握基本技术，以及如何培养他们的团队合作精神等。通过不断学习和实践，教练员可以提高自己的教学水平，更好地服务于青少年球员的成长。

其次，教练员还需要跟进技术与战术的发展趋势。足球运动是一个不断发展的领域，新的技术和战术不断涌现。教练员需要密切关注国内外足球赛事的发展，了解各种不同的战术体系和战术变化。只有跟上时代的步伐，才能更好地指导球员适应比赛的变化和挑战。同时，教练员还需要根据球队的特点和球员的能力，灵活运用不同的战术，以取得最佳的比赛成绩。

另外，教练员还需要不断扩展个人的技能和知识库。除了足球技术和战术方面的知识外，教练员还应该具备良好的沟通能力、领导能力和团队管理能力。他们需要学习如何与不同年龄段和不同水平的球员相处，如何激发他们的学习兴趣和潜力。此外，教练员还应该了解基本的运动训练理论和营养学知识，以帮助球员提高身体素质和预防运动伤害。

持续学习与自我提升对于青少年足球培养中的教练员来说是至关重要的。只有不断学习和提升自己，才能更好地适应足球运动的发展和变化，更好地指导和培养青少年球员，为他们的成长和发展提供更好的支持和帮助。

五、与家长和社区的沟通与合作

与家长和社区的沟通与合作也是不可或缺的一环。建立良好的家校关系、整合社区资源、促进家长参与与支持，这些方面都对青少年足球的培养起到了至关重要的作用。

整合社区资源是促进青少年足球培养的重要手段之一。社区中可能存在着各种各样的资源，如足球场地、器材设施、专业人才等。教练员可以通过与社区组织、学校、体育俱乐部等建立合作关系，充分利用这些资源，为青少年足球的培养提供更好的条件和环境。比如，可以与当地的足球俱乐部合作举办联赛或友谊赛，为青少年提供更多的比赛机会和锻炼机会；也可以邀请专业的足球教练或运动员来给孩子们进行指导和训练，提高他们的技术水平和竞技能力。

建立良好的家校关系对于青少年足球培养至关重要。教练员需要与家长保持密切联系，了解他们对孩子的期望和需求。通过定期的家长会议、个别谈话以及在线沟通工具，教练员可以及时了解家长的反馈和意见，从而更好地调整培训计划和方法。同时，教练员还应该积极地向家长传达足球培养的理念和方法，让他们明白足球培养的重要性，并鼓励他们在家中给予孩子足够的支持和鼓励。

家长的支持和鼓励对于孩子的成长至关重要，而家长的参与也能够让他们更好地理解和支持孩子在足球方面的发展。因此，教练员可以通过各种途径鼓励家长参与到足球培养中来，如邀请他们观摩训练和比赛、组织家长志愿者参与培训活动、定期举办家长培训讲座等。通过这些方式，不仅可以增强家长对足球培养的认同感和参与度，还可以加强家长与教练员之间的沟通和合作，共同为孩子的足球梦想努力。

综上所述，与家长和社区的沟通与合作对于青少年足球培养至关重要。教练员应该积极建立良好的家校关系，整合社区资源，促进家长参与与支持，共同为青少年足球的发展努力。只有通过教练员、家长和社区的共同努力，才能够为孩子们创造更好的足球成长环境，让他们在足球领域取得更好的成绩和发展。

第二节 教练员在技战术、心理等方面的指导方法

一、个性化教学方法的应用

教练员在技战术和心理等方面的指导方法是培养球员综合能力的关键。个性化教学方法的应用在这一过程中起到了至关重要的作用。这种方法不仅关注球员的整体发展，还深入到个体层面，充分考虑了每个球员的特点、优势和需求。

个性化教学方法的第一步是进行球员能力评估与分组。这需要教练员对球员的技术、体能、心理素质等方面进行全面而细致的评估。通过观察训练和比赛表现、进行技术测试和身体素质测试等手段，教练可以全面了解每个球员的实际水平和潜力。在评估的基础上，教练将球员分组，以便更好地针对不同水平和需求制定训练计划。

设计符合个人特点的训练计划是个性化教学方法的核心。针对不同能力水平和特点的球员，教练需要制定不同的训练内容和方法。对于技术素质较强的球员，可以通过更高难度的技术训练来提升其水平；对于体能较差的球员，则可以采取逐步增加负荷的训练方式，以提高其身体素质。此外，教练还应该根据球员的个人兴趣和特长，设计有针对性的训练项目，激发其学习和训练的积极性。

适应性教学与反馈机制是个性化教学方法的重要组成部分。教练在训练过程中应该根据球员的反馈和表现及时调整训练计划和方法。如果某个球员对某项训练内容感到困难或不适应，教练可以适当调整训练强度或改变训练方式，以确保训练效果。同时，教练还应该及时给予球员积极的反馈和鼓励，帮助他们建立信心，保持良好的训练状态。

通过对球员能力的评估与分组、设计符合个人特点的训练计划以及适应性教学与反馈机制的运用，教练可以帮助球员全面提升技战术水平和心理素质，实现

个性化发展和整体进步。这不仅有助于球员在比赛中发挥出更好的水平，也为他们未来的职业生涯奠定了坚实的基础。

二、比赛中的战术调整与决策

在足球比赛中，教练员在技战术、心理等方面的指导方法扮演着至关重要的角色。他们不仅需要在赛前进行对手分析与战术布置，还需要在比赛中进行快速决策与调整，并且善于利用替补带来的战术变化。这些方面密切相关，共同构成了一支球队的整体战术体系。

对手分析与战术布置是教练员在比赛前必须要做的功课之一。这需要对对手的技战术风格、球员特点以及战术体系进行深入研究和分析。通过观看录像、分析数据以及实地考察等方式，教练员可以更好地了解对手的战术意图和弱点。基于这些分析，教练员可以制定出针对性的战术布置，包括进攻和防守的策略，以及针对对手的特定球员的应对方案。

比赛中的快速决策与调整是教练员的应有之责。在比赛进行过程中，局势随时都可能发生变化，教练员需要根据比赛的实际情况做出及时的调整和决策。例如，如果发现对手采取了意想不到的战术或者我方球员出现了技术或心理上的问题，教练员可能需要通过调整战术体系、调整球员位置或者进行人员替换等方式来应对局势的变化，以最大限度地保证球队的竞争力。

利用替补带来的战术变化是教练员的一项重要策略。替补球员在比赛中往往能够为球队带来新鲜血液和不同的技术特点，教练员需要善于利用他们来改变比赛局势。例如，可以根据比赛需要选择进攻型或者防守型的替补球员，也可以根据比赛中的特定情况选择具有特殊技术特点的替补球员。通过合理地利用替补带来的战术变化，教练员可以为球队赢得更多的机会和优势。

在实际操作中，以上这些指导方法通常需要教练员具备丰富的经验和敏锐的观察力。通过长期的训练和积累，教练员可以逐渐提升自己在技战术、心理等方面的指导水平，从而更好地指导球队取得比赛的胜利。同时，教练员还需要与球队的其他教练和工作人员密切合作，共同制定和执行有效的战术计划，最大限度地发挥球队的整体实力。

三、心理调节与情绪管理

在教练员在技战术和心理方面的指导方法中，心理调节与情绪管理是至关重要的一环。在体育竞技中，运动员不仅需要具备出色的技术和战术水平，还需要拥有良好的心理素质，才能在比赛中表现出色。因此，教练员需要采取一系列有效的方法来帮助运动员建立积极的心态、增强自信心，应对比赛压力，以及促进团队凝聚力的培养与维护。

首先，建立积极的心态与自信是心理调节的关键。教练员应该通过积极的口头表达和身体语言，传递正能量给队员。他们可以通过赞扬队员的努力和成绩，激励他们保持乐观向上的态度。此外，教练员还可以借助心理训练和团队建设活动，帮助队员树立正确的目标观念，培养自信心，提升应对挑战的能力。例如，定期组织团队讨论和反思，让队员分享彼此的成功经验和挫折，从而不断成长和进步。

其次，应对比赛压力的技巧也是心理调节的重要内容。在激烈的比赛中，运动员常常面临巨大的压力，包括来自外部的竞争压力和内部的自我要求。为了帮助队员有效地管理比赛压力，教练员可以教导他们一些应对压力的技巧，如深呼吸、积极的自我对话、专注于当下、制定可行的应对计划等。此外，教练员还可以通过模拟比赛、角色扮演等方式，让队员在相对轻松的环境中体验到压力，从而提前做好心理准备。

最后，团队凝聚力的培养与维护是教练员在心理指导中不可忽视的一部分。一个团结、互相信任的团队能够在关键时刻相互支持、共同战胜困难。为了促进团队凝聚力的发展，教练员可以组织团队建设活动，如集体训练、户外拓展、团队游戏等，加强队员之间的沟通与合作。此外，建立良好的团队文化和价值观也是非常重要的，教练员应该为队员树立正确的竞争观念和合作精神，让他们意识到只有团结一致才能取得更好的成绩。

总的来说，心理调节与情绪管理在体育竞技中起着至关重要的作用。教练员需要通过各种方法帮助队员建立积极的心态与自信，教导他们有效地应对比赛压力，以及促进团队凝聚力的培养与维护。只有在心理素质上取得突破，运动员才能在激烈的竞争中脱颖而出，取得优异的成绩。

四、技术技能的精细化训练

教练员在技战术、心理等方面的指导方法是确保运动员在比赛中达到最佳表现的关键。其中，技术技能的精细化训练尤为重要。这种训练涵盖了基本技能的反复操练与强化、高级技能与组合技术的训练以及特殊情况下的应变能力培养。

基本技能的反复操练与强化是任何运动员成长的基石。无论是足球、篮球、网球还是其他运动项目，都需要良好的基本技能作为基础。例如，在足球中，基本技能包括传球、控球、盘带、射门等。通过反复操练和强化这些基本技能，运动员可以提高技术的稳定性和准确性。教练员可以通过各种训练方法，如针对性的练习、模拟比赛场景的训练等，帮助运动员掌握这些技能。

高级技能与组合技术的训练是提升运动员水平的关键步骤。一旦运动员掌握了基本技能，就可以逐渐引入更加复杂的技术要求，如快速传接球、灵活的盘带变向、精准的射门等。同时，教练员还可以通过组合技术的训练，帮助运动员在比赛中更好地应对多变的局面。因此，通过针对性的训练和反复练习，运动员可以不断提高自己的技术水平，使之达到高级水平。

特殊情况下的应变能力培养是训练的另一个重要方面。在比赛中，运动员往往会面临各种突发情况，如对手的变阵、临场指示等。因此，教练员需要通过模拟比赛场景的训练，帮助运动员培养应对突发情况的能力。这包括加强运动员的战术意识、提高应变能力和决策能力等。通过训练，运动员可以在关键时刻做出正确的决策，并且能够快速适应比赛的变化。

综上所述，教练员在技战术、心理等方面的指导方法中，技术技能的精细化训练是至关重要的。通过基本技能的反复操练与强化、高级技能与组合技术的训练以及特殊情况下的应变能力培养，可以帮助运动员提升自己的技术水平，从而在比赛中取得更好的成绩。

第三节 教练员培训体系建设

一、培训课程内容设计

教练员培训体系的建设是体育事业发展中至关重要的一环。一个完善的培训课程内容设计需要综合考虑技术、战术、心理等多方面因素，以培养出胜任的教练员队伍，推动运动员的专业化和竞技水平的提升。

在设计教练员培训课程内容时，技术方面的培训至关重要。技术包括基本动作、技能和战术的实施等，是运动员在比赛中取得优势的基础。因此，教练员培训课程应该围绕着各项运动的基本技术展开，从传球、接球、射门等最基础的技能开始，逐步深入到高级技术动作和战术组织。在技术培训中，注重理论与实践相结合，通过理论讲解、示范演练、实战模拟等多种教学手段，使教练员能够全面掌握技术训练的方法和技巧。

战术方面的培训也是教练员培训课程内容的重要组成部分。战术是指在比赛中针对不同对手采取的策略和组织安排，是决定比赛胜负的重要因素之一。因此，教练员培训课程应该涵盖战术理论的讲解、实战演练和情景模拟等内容，帮助教练员理解不同战术的特点和运用方法，培养其在比赛中灵活运用战术的能力。在战术培训中，可以结合实际案例和视频分析，引导教练员深入思考和讨论，提升其战术决策和调控能力。

除了技术和战术，心理方面的培训也是教练员培训课程内容的重要组成部分。心理素质在运动员的表现和竞技成绩中起着至关重要的作用，而教练员作为运动员的指导者和辅导者，需要具备一定的心理辅导和心理调控能力，帮助运动员在比赛中克服压力、保持专注、发挥潜能。因此，教练员培训课程应该包括心理素质培养的理论讲解、心理技巧的训练和心理辅导的实践等内容，帮助教练员了解运动员心理发展的特点和规律，掌握心理辅导的方法和技巧，提升其在运动训练和比赛中的心理辅导能力。

综上所述，教练员培训课程内容的设计需要全面覆盖技术、战术、心理等多方面内容，以培养出胜任的教练员队伍。在设计过程中，应该注重理论与实践相结合，通过多种教学手段和方法，提升教练员的专业水平和实践能力，推动运动员的专业化和竞技水平的提升，促进体育事业的持续发展。

二、交流与学习

教练员培训体系的建设是体育事业发展中至关重要的一环。其中，实践经验的交流与学习是培养优秀教练员的重要组成部分。通过国内外交流活动、讲座和研讨会等方式，教练员可以获取来自各方面的知识和经验，不断提升自己的专业水平和教学能力。

国内外交流活动为教练员提供了与同行交流学习的平台。通过参加国际性的体育赛事、论坛或交流项目，教练员可以接触到来自不同国家和地区的优秀教练员，了解他们的教学理念、训练方法以及在实践中的经验和技巧。这种跨文化的交流有助于开拓教练员的视野，拓展其教学思路，同时也促进了不同国家间体育教育的融合与发展。

讲座是教练员学习和分享实践经验的另一种重要形式。在讲座中，专业领域的权威人士或优秀教练员会分享他们的研究成果、教学经验和心得体会，为广大教练员提供了借鉴和学习的机会。这些讲座内容涵盖了体育教学理论、训练方法、运动技能等方面，有助于教练员不断提升自己的专业水平，并将最新的理论与实践运用到自己的教学实践中去。

研讨会是教练员交流实践经验的重要平台之一。在研讨会上，教练员们可以就特定的课题展开深入的讨论与交流，分享彼此的实践经验、问题和解决方案。通过与他人的交流碰撞，教练员们可以不断梳理自己的教学思路，发现和解决教学中的困惑和难题，提升自己的应变能力和解决问题的能力。同时，研讨会也为教练员们搭建了建立合作关系、共同开展教学研究的平台，促进了教练员队伍的整体素质和水平的提升。

通过国内外交流活动、讲座和研讨会等方式学习和分享实践经验，是教练员培训体系建设中不可或缺的重要环节。这些活动不仅为教练员提供了学习和成长的机会，也为体育事业的发展注入了源源不断的活力和动力，促进了教练员队伍的整体素质和水平的不断提升，推动了体育事业的蓬勃发展。

三、在线教育资源的利用

随着互联网技术的不断发展和普及，在线平台和资源为教练员提供了便捷、高效的学习途径，为他们的专业知识、技能和素养的提升提供了广阔的空间。

通过在线平台进行自我学习是教练员提升的重要途径之一。各种在线学习平台提供了丰富多样的课程资源，涵盖了从体育理论、训练方法到领导力、心理辅导等方面的内容。教练员可以根据自己的需求和兴趣选择合适的课程进行学习，不受时间和空间的限制，灵活安排学习进度，提高自己的专业水平。

利用在线资源进行教练员自我学习和提升还包括参与各类网络研讨会和讲座。许多体育组织、学术机构和行业协会经常举办在线研讨会和讲座，邀请业内专家分享最新的研究成果、实践经验和行业动态。教练员可以通过参与这些活动了解最新的理论观点和实践方法，拓展自己的视野，与同行进行交流和互动，促进思想碰撞和经验分享，提升自己的专业水平和能力。

教练员还可以利用在线平台进行自我评估和反思。通过参加在线测评和评估工具，教练员可以全面了解自己的专业素养、技能水平和发展需求，找出自己的不足之处和提升空间，有针对性地制定个人发展计划和学习目标，有利于持续改进和成长。

在线社区和论坛也是教练员自我学习和提升的重要资源。在各种专业论坛和社交平台上，教练员可以与全球范围内的同行进行交流和互动，分享自己的经验和见解，倾听他人的意见和建议，共同探讨体育教练工作中的难题和挑战，促进共同进步和提高。

利用在线教育资源进行教练员自我学习和提升需要注意合理规划学习时间和内容，确保学习的针对性和有效性。教练员应该根据自己的实际情况和发展需求，选择适合自己的学习方式和方法，灵活运用各种在线资源，不断积累和更新知识，提升自己的竞争力和影响力。

综上所述，利用在线教育资源进行教练员自我学习和提升是一个全方位、多样化的过程，需要教练员不断地积极探索和实践。只有不断地学习、反思和进步，才能适应体育事业发展的需要，为运动员的成长和发展提供更加优质的教学和指导服务，推动体育事业的健康发展。

四、持续教育与发展计划

教练员的职业发展和持续教育计划是体育领域至关重要的一部分。在现代体育竞技环境中，教练员不仅需要具备丰富的专业知识和技能，还需要不断更新和提升自己的能力，以适应不断变化的竞技需求和教学方法。因此，建立健全的持续教育与发展计划对于提高教练员整体素质和水平至关重要。

持续教育与发展计划需要从教练员个体的需求出发，量身定制。不同类型的教练员可能有不同的专业领域和技能要求，因此需要针对性地设计培训内容和课程。这包括但不限于技术训练、心理辅导、领导力培养、团队管理、竞技规则更新等方面。通过针对性的培训，可以有效提升教练员在特定领域的专业水平，增强其教学和指导能力。

持续教育与发展计划应该注重理论与实践相结合。理论知识是教练员职业发展的基础，而实践经验则是其能力提升的重要途径。因此，培训计划需要既包括理论课程，如体育科学、运动心理学、教学方法学等，又包括实践操作，如实地指导、案例分析、模拟比赛等。通过理论与实践相结合的培训方式，可以更好地帮助教练员将所学知识应用于实际工作中，并提升其解决问题和应对挑战的能力。

持续教育与发展计划还应该注重教练员的个人素质和综合能力培养。教练员不仅需要具备丰富的专业知识和技能，还需要具备良好的沟通能力、团队合作精神、领导力等素质。因此，培训计划可以设置相关课程，如沟通技巧培训、团队合作训练、领导力发展等，帮助教练员全面提升自己的个人素质和综合能力。

持续教育与发展计划还应该注重教练员的职业规划和晋升通道。通过为教练员提供晋升机会和发展路径，可以激发其职业动力，增强其对于持续学习和发展的积极性。这包括但不限于晋升评定、职业导师指导、专业技术比赛等方式。同时，还可以利用建立健全的评价体系，对教练员的培训效果和职业发展进行定期评估和跟踪，为其提供及时的反馈和指导。

总之，持续教育与发展计划是教练员职业发展的重要保障和支撑。通过量身定制、理论实践结合、个人素质培养和职业规划晋升等方式，可以有效提升教练员的专业水平和综合能力，促进其职业发展和成长。同时，还可以为体育竞技事业培养更多更优秀的教练人才，推动体育事业的持续发展和进步。

第九章　家庭与社会环境对青少年足球培养的影响

在探讨青少年足球培养模式的研究中，第九章关注的是家庭与社会环境对青少年足球培养的影响，这一主题至关重要。足球，作为全球最受欢迎的体育之一，其背后的培养机制并非孤立存在，而是深深植根于家庭和社会的土壤中。本章旨在深入探讨和分析这两个关键因素如何塑造青少年的足球梦想，及其对他们成长路径的深远影响。

家庭环境是青少年成长的第一课堂，对他们的足球梦想起着决定性作用。家庭的支持可以是情感上的，也可以是物质上的。从鼓励孩子参加足球活动，到为他们提供所需的装备和培训资源，家长的角色无疑是支持性和激励性的。然而，这种支持并非所有家庭都能平等提供，家庭的经济状况、父母对体育的态度，乃至对孩子未来职业的期望都可能成为影响因素。因此，本节不仅探讨家庭支持的正面影响，也不避讳讨论其中可能遇到的挑战和困难。

在家庭的外围，是更为广阔的社会环境，它以多种方式影响着青少年的足球培养。社会环境的支持表现在校园足球活动的普及、社区足球俱乐部的可接触性，以及足球运动在媒体和公众中的形象。这些因素共同构成了一个激励或限制青少年追求足球梦想的社会氛围。此外，社会认可和价值观的变化也在不断地塑造着足球培养的背景。例如，当足球运动员的成功故事被广泛传播时，社会对足球的热情和接受度相应提高，从而为青少年提供了更多的机会和激励。

通过对家庭和社会环境影响的深入分析，本章意图揭示这些外部因素如何共同作用于青少年足球培养过程，以及如何通过理解和优化这些因素，为青少年提供更为有利的成长环境。毫无疑问，青少年足球培养是一个多方面的综合过程，涉及的不仅仅是技术和战术的训练，更重要的是如何在家庭和社会的大背景下，为青少年打造一个支持他们成长和追梦的环境。

第一节　家庭环境对青少年足球培养的支持和影响

一、家庭经济条件与足球资源获取

家庭环境在青少年足球培养中扮演着至关重要的角色，其中家庭的经济状况是一个重要方面。

足球俱乐部通常需要家长支付会员费、比赛费和其他杂项费用。对于经济条件较好的家庭来说，这些费用可能只是小数目，但对于经济拮据的家庭来说，可能会成为一项负担。这就导致了一种现象，即一些有潜力的青少年因为经济原因无法加入俱乐部，从而失去了接受专业培训和参加高水平比赛的机会。

家庭经济条件还会影响青少年获取足球装备的可能性。足球鞋、球衣、护具等装备对于足球训练和比赛至关重要。然而，高质量的足球装备通常价格较高，对于一些家庭来说可能会造成负担。这可能会导致一些青少年只能选择低质量的装备，影响他们在场上的表现，甚至可能增加受伤的风险。

家庭经济条件也会影响青少年接受专业训练的可能性。专业的足球训练通常需要支付高昂的费用，这包括私人教练的费用、训练营的费用等。对于一些家庭来说，承担这样的费用是吃力的，因此他们的孩子可能无法接受到与足球相关的高质量训练，从而影响他们的技术水平和竞争力。

然而，尽管家庭经济条件会对青少年足球培养产生一定的影响，但也有一些方法可以帮助克服这些障碍。首先，足球俱乐部和相关机构可以设立奖学金制度，帮助经济困难的青少年参与俱乐部活动。其次，一些社区组织和慈善机构可以提供免费或廉价的足球装备和训练机会，以确保每个有兴趣的青少年都有机会参与到足球运动中来。此外，政府和学校也可以提供更多的资金支持，促进足球基础设施建设和足球项目的发展，以扩大足球资源的覆盖范围。

综上所述，家庭经济条件对青少年足球培养至关重要，但通过各方面的努力，可以克服和改善这种困境，为更多的青少年提供平等的足球机会，从而促进足球事业的发展。

二、父母态度与足球激励机制

父母在孩子的足球培养中扮演着至关重要的角色。他们的态度和行为对孩子对足球的态度和热爱产生着深远的影响。父母的支持和鼓励可以极大地激发孩子的热情，促进其在足球领域的发展。

父母的态度对孩子对足球的热爱有着直接的影响。如果父母对足球持积极的态度，并且展现出对孩子参与足球活动的支持和鼓励，孩子就更有可能对足球产生浓厚的兴趣。相反，如果父母对足球持消极或冷漠的态度，甚至是反对孩子从事这项运动，孩子可能会因为缺乏支持而失去对足球的兴趣，从而影响其在足球领域的投入和成就。

父母的参与度也是影响孩子对足球热爱的重要因素之一。父母如果积极参与孩子的足球活动，比如陪同孩子参加训练、观看比赛、与孩子讨论足球战术等，这种参与不仅可以增进亲子关系，还可以让孩子感受到家庭对其足球运动的支持和重视，从而更加热爱这项运动。

父母的激励机制对孩子的足球发展也具有重要的影响。父母可以通过各种方式来激励孩子，比如表扬孩子在比赛中的表现、给予奖励以鼓励孩子更加努力地训练、与孩子共同设定足球目标并帮助他们实现等等。这种正面的激励机制可以激发孩子的自信心和动力，使他们更加积极地投入足球训练和比赛中。

除了积极的激励，父母还需要注意避免过度的压力和批评。过度的竞争压力和负面的评价可能会对孩子造成心理上的负担，甚至影响其对足球的兴趣和参与度。因此，父母在激励孩子的同时，也要注意适度调整自己的期望和态度，给予孩子足够的空间和支持，让他们在足球领域能够健康、快乐地成长。

总的来说，父母的态度与足球激励机制对青少年足球培养具有至关重要的作用。通过积极的支持、参与和激励，父母可以帮助孩子树立正确的足球态度，激发其对足球的热爱，促进其在足球领域的全面发展。因此，我们应该重视家庭环境对青少年足球培养的影响，不断完善家庭支持体系，为孩子提供良好的成长环境和足球发展平台。

三、家庭文化与体育价值观

家庭环境在青少年足球培养中扮演着至关重要的角色。其中，家庭文化与体育价值观的形塑对青少年足球兴趣的影响尤为显著。家庭文化涵盖了家庭的价值观、传统、习惯和行为模式等方面，而体育价值观则指的是家庭对体育活动的态度、重视程度以及体育在家庭日常生活中的地位。

家庭文化对青少年足球兴趣的影响体现在家庭对体育活动的态度和传统中。如果一个家庭重视体育锻炼，将体育视为一种重要的生活方式和习惯，那么孩子们在这样的环境中往往会更容易对足球等运动产生兴趣。这种情况下，孩子们会在家庭的影响下，自然而然地接触到足球，并且可能会受到家长或其他家庭成员的鼓励和支持，从而培养出持续的足球兴趣和热情。

家庭对体育活动的重视程度对青少年足球兴趣的影响是不可忽视的。如果一个家庭将体育视为孩子健康成长的重要组成部分，那么他们会更愿意支持孩子参与各种体育活动，包括足球。这种支持不仅表现在提供必要的经济和时间资源上，还包括家长的积极参与和鼓励。家庭的支持和鼓励对于孩子们坚持足球训练和比赛至关重要，它能够增强孩子们的信心和动力，使他们更加专注和投入于足球运动之中。

另外，体育在家庭日常生活中的地位也会直接影响青少年对足球的态度和兴趣。如果一个家庭将体育活动纳入日常生活的重要组成部分，比如每天进行固定的锻炼时间，或者每个周末都安排体育活动，那么孩子们在这样的环境中就会更容易接触到足球，并且形成积极的体育习惯。在这样的家庭中，孩子们往往会认为足球是一种正常的、必须要参与的活动，而不是一种额外的负担或压力。因此，他们会更加乐意和积极地投入足球训练和比赛之中。

此外，家庭文化与体育价值观也会影响到孩子们对足球的态度和价值观。如果一个家庭注重体育精神的培养，强调团队合作、坚持不懈、拼搏进取等价值观，那么孩子们在这样的环境中往往会更容易理解和接受足球所传达的这些价值观。他们会将足球视为一种锻炼意志和培养品格的途径，而不仅仅是一种娱乐活动或竞技比赛。这种体育价值观的培养不仅有助于孩子们在足球场上取得成功，更重要的是有助于他们在日后的生活中树立正确的人生观和价值观。

综上所述，家庭文化与体育价值观对青少年足球兴趣的影响是多方面的、深刻的。一个注重体育锻炼、重视体育活动、将体育纳入日常生活的家庭，往往会培养出更多对足球的兴趣和热爱。同时，家庭的支持、鼓励以及体育价值观的传承也会对孩子们的足球道路产生积极的影响，帮助他们更好地理解和接受足球所传达的各种价值观，从而在足球运动中取得更多的成就。因此，建立一个积极向上的家庭环境，注重培养良好的体育价值观，对于青少年足球的健康发展具有重要意义。

四、亲子关系与足球活动的共享

亲子关系在青少年足球培养中扮演着至关重要的角色。家庭环境对于孩子的成长和发展有着深远的影响，而家长与孩子共同参与足球活动的经历更是可以深化彼此之间的关系，并在孩子的足球技能和社交能力发展中起到积极的促进作用。

首先，亲子关系与足球活动的共享可以建立起亲密的情感纽带。通过一起参与足球活动，家长和孩子之间的亲密程度可以得到增强。在足球场上，他们可以共同经历比赛的喜怒哀乐，共同为取得胜利而努力奋斗，共同面对挑战和困难。这种共同体验不仅可以加深双方的感情，还可以增进他们之间的沟通和理解，建立起更加紧密的亲子关系。其次，家长与孩子共同参与足球活动也可以促进孩子的足球技能发展。家长作为孩子的引导者和支持者，他们的参与可以为孩子提供更多的学习机会和指导。他们可以在训练和比赛中给予孩子及时的反馈和建议，帮助他们不断改进自己的技术和战术水平。此外，家长的陪伴和鼓励也可以增强孩子的信心，激发他们更大的学习热情，从而更好地提升自己的足球技能。

除此之外，家长与孩子共同参与足球活动还可以促进孩子的社交能力发展。在足球队中，孩子将会遇到来自不同背景和文化的队友，他们需要学会与他人合作、交流和相处。家长的参与可以为孩子提供一个更加舒适和安全的环境，帮助他们更好地融入团队，建立起良好的人际关系。通过与家长一起参与足球活动，孩子还可以学会尊重他人、包容，培养出良好的团队合作精神和社会责任感。

家长与孩子共同参与足球活动不仅可以深化彼此之间的关系，还可以促进孩子的足球技能和社交能力的发展。因此，我们应该重视家庭环境对于青少年足球培养的支持和影响，为孩子营造一个良好的家庭氛围，共同享受足球带来的乐趣与成长。

五、家庭支持体系的构建

在青少年足球培养过程中，家庭环境的支持和影响至关重要。构建一个有效的家庭支持体系可以帮助青少年克服训练中的各种困难和挑战，提升他们的足球水平和心理素质。这个支持体系应该包括情感支持、物质支持以及为孩子创造积极的足球学习环境。

情感支持是家庭支持体系的基础。父母和家庭成员应该在情感上支持青少年足球运动员，给予他们鼓励、理解和关爱。这意味着在比赛中和训练中积极地支持他们，不管胜负如何，都给予他们鼓励和安慰。同时，家庭成员应该建立起与孩子的沟通，了解他们在足球训练中的感受和困难，帮助他们排解压力，保持积极的心态。通过建立良好的亲子关系和家庭氛围，青少年足球运动员可以获得更多的自信和动力去面对挑战。

物质支持也是不可或缺的。家庭需要提供必要的物质支持，包括足球装备、训练场地和经济支持等。父母应该尽力满足孩子参与足球活动的需求，为他们购买适合的装备和器材，并提供足够的经济支持，以保证他们参与各种足球活动的顺利进行。此外，家庭也可以为孩子提供私人教练或参加专业的足球训练营等额外的支持，帮助他们提升技术水平和竞争力。

家庭应该为孩子创造积极的足球学习环境。这包括在家庭中倡导健康的生活方式，包括均衡的饮食、充足的睡眠和适当的休息。父母可以与孩子一起观看足球比赛、讨论比赛中的战术和技术，激发他们对足球的兴趣和热情。此外，家庭也应该鼓励孩子参与团队合作和社交活动，帮助他们建立团队意识和人际关系，这对于他们在足球场上的表现和发展至关重要。

综上所述，家庭支持体系在青少年足球培养中扮演着至关重要的角色。通过情感支持、物质支持和创造积极的学习环境，家庭可以帮助青少年足球运动员克服困难，提升他们的足球水平和心理素质，为他们的足球梦想打下坚实的基础。因此，建立一个有效的家庭支持体系是非常值得重视和努力实践的。

第二节　社会环境对青少年足球培养的支持和影响

一、校园足球与青少年发展

校园足球不仅是一种体育活动，更是青少年成长过程中的重要组成部分。它在促进学生身体和心理健康方面发挥着至关重要的作用，同时也对孩子们的足球技能发展产生深远影响。随着社会对青少年体育教育重视程度的提高，学校足球项目成为培养学生团队精神、增强体质、塑造人格的重要途径。

校园足球对青少年身体健康的积极作用不容忽视。足球运动要求运动员在比赛中不断奔跑、跳跃、转身，这些活动有助于增强心肺功能、提高身体协调性和灵活性。定期参加足球训练的青少年通常具有更好的身体素质，包括但不限于更强的肌肉力量、更高的耐力以及更快的反应速度。此外，足球运动还能有效预防肥胖、改善身体姿态，对抗青少年时期常见的健康问题。

除了对身体健康的益处，校园足球对青少年心理健康的正面影响也不可小觑。通过足球运动，学生能够学会如何面对胜利与失败，这对于培养他们的心理韧性至关重要。足球比赛中的紧张与激烈对抗，要求学生们学会控制情绪、保持冷静，这些都是心理成长的重要方面。同时，足球是一项团队运动，它要求队员间相互配合、共同努力以实现目标，这种团队协作的经历能够增强学生的社交能力，帮助他们在日后的生活中更好地与他人沟通和协作。

学校体育设施的完善与否直接影响到校园足球项目的效果。良好的体育设施能够为学生提供安全、舒适的训练环境，从而激发他们参与足球运动的热情。例如，配备了高质量草坪、合适照明和足够休息区的足球场能够让学生在训练中更加专注和投入。此外，先进的训练器材和设备也对学生技能的提升至关重要，如使用现代化的足球训练设备可以更有效地帮助学生掌握技术动作，提高比赛表现。

学校足球活动的设计和实施同样对学生足球技能的发展起着决定性作用。通过组织系统的训练计划和比赛活动，学生不仅能够学习和练习足球基本技巧和战术，还能在实战中不断提升自己的能力。优秀的足球教练能够根据学生的年龄和技能水平，设计合理的训练内容，指导学生正确练习，避免运动伤害。同时，通过参加校内外的足球比赛，学生能够获得宝贵的比赛经验，提高竞技水平，更重要的是，学会在压力下做出决策，培养战胜困难的勇气和毅力。

总的来说，校园足球在促进青少年身心健康发展方面具有不可替代的作用。通过参与足球运动，青少年不仅能够提高自己的体育技能，更重要的是，他们能在这一过程中学会团队合作、培养责任感、增强自信心，这些对于他们的成长和未来的社会适应能力都是极为重要的。因此，学校和教育部门应当重视校园足球项目的发展，投入必要的资源，为青少年提供一个全面发展的平台。

二、社区与俱乐部资源的作用

在全球范围内，足球不仅是最受欢迎的体育项目之一，也是连接社区、激发青少年潜能的重要桥梁。社区和俱乐部资源在青少年足球培养中扮演着至关重要的角色，它们为青少年提供了学习、训练以及展示足球才华的平台。这些资源不仅有助于青少年技术技能的提升，更在培养他们的社会交往能力、团队合作精神以及对足球文化的理解和热爱上发挥着不可或缺的作用。

社区足球俱乐部及其他体育设施，如公共足球场、训练中心等，为青少年提供了接触和参与足球运动的基础设施。这些设施不仅仅是进行足球训练和比赛的场所，更是社区文化的一部分，促进了社区成员之间的交流和团结。对于青少年来说，早期接触足球和定期的训练机会是发现和培养他们足球潜力的关键。通过参与社区和俱乐部组织的训练课程和比赛，青少年能够在专业的指导下学习足球技巧，提高个人能力，并在实践中逐步掌握足球战术和理解比赛规则。

更重要的是，社区和俱乐部资源通过组织各种足球活动，如青少年联赛、足球节日和技能训练营，提供了一个展示才华、相互学习和竞争的环境。这种环境不仅激励青少年追求足球卓越，也帮助他们学会如何在竞争和合作中成长。通过参与这些活动，青少年可以体验团队合作的价值，学习如何在胜利中保持谦逊，在失败中找到教训。这些经验对于他们的个人发展极为宝贵，有助于塑造坚韧不拔和积极向上的品格。

此外，社区和俱乐部资源对于发掘和培养青少年足球人才具有不可替代的作用。许多足球俱乐部通过与学校合作，开展足球选拔和训练项目，为有潜力的青少年提供更专业、系统的训练支持。这些项目通常包括技术训练、体能建设、比赛策略等多方面内容，旨在全面提升青少年球员的能力。通过这种方式，青少年足球人才不仅能够获得提高，还有机会被更高级别的俱乐部和教练注意到，为他们的足球生涯开启更广阔的舞台。

社区和俱乐部资源的另一个重要作用是促进家庭和社区的参与。家长和社区成员通过参与孩子们的足球活动，不仅可以增强家庭之间的联系，也能够加深对足球文化的理解和认同。这种参与和支持为青少年营造了一个积极的成长环境，鼓励他们在追求足球梦想的同时，也能够感受到来自家庭和社区的支持和鼓励。

然而，要充分发挥社区和俱乐部资源在青少年足球培养中的作用，还需要政府、社区和足球机构的共同努力。这包括投资于足球设施的建设和维护、提供专业的教练员培训，以及制定有利于青少年足球发展的政策和项目。只有通过这样的合作，才能确保青少年足球培养不仅限于技术技能的提升，更包括对足球文化的传承和对青少年健康成长的促进。

总之，社区和俱乐部资源在青少年足球培养中起着核心作用。它们不仅为青少年提供了学习和成长的平台，更是激发他们足球梦想和潜能的重要力量。通过有效利用这些资源，可以为青少年足球人才的发掘和培养提供坚实的基础，为他们的未来足球生涯奠定基石。

三、媒体影响与足球偶像的角色

在当代社会，媒体无疑成为塑造文化、影响年轻一代价值观和兴趣的重要力量。这在体育领域尤为明显，特别是对于全球最受欢迎的运动——足球。媒体不仅仅是一个将信息从一处传播到另一处的简单工具，它还塑造了观众的理解、情感和热情，尤其是青少年对足球的兴趣和热情。在这个过程中，足球偶像扮演了至关重要的角色，他们的成功故事和个人魅力激发着无数青少年追逐足球梦想。

媒体通过多种方式对青少年产生影响。首先，通过转播足球比赛，媒体为青少年提供了直接观看国内外顶级足球赛事的机会，这种观赛体验极大地激发了他们对足球的热爱和参与的兴趣。比赛的现场氛围、球员的技艺展示、比赛的紧张激烈都能深深吸引青少年，使他们对足球有了更深的情感连接。此外，比赛中展现的团队合作、坚持不懈等价值观，也在无形中影响着青少年的品格形成。

其次，媒体对足球偶像的报道和塑造，无疑加深了青少年对足球的热爱。足球明星如梅西、C罗等人的个人故事、训练片段、比赛高光时刻以及他们的社会活动频繁出现在各种媒体平台，成为青少年学习和模仿的对象。这些偶像的成功故事，特别是他们如何克服困难、通过不懈努力实现梦想的故事，具有强烈的感染力和启示性，鼓励着青少年坚持追逐自己的足球梦想。

社交媒体的兴起为青少年提供了与足球偶像更直接的互动渠道。足球明星通过平台分享他们的训练、比赛、生活点滴，拉近了与粉丝的距离。青少年通过关注偶像的社交媒体，不仅可以获得灵感和动力，还可以更深入地了解到达顶峰所需的努力和牺牲，这种亲密感和真实感对于青少年的影响是巨大的。

媒体还通过制作和播放关于足球的纪录片、电影、系列节目等，深化了青少年对足球文化的理解和认同。这些内容往往不仅仅聚焦于足球比赛本身，更深入地探讨了足球背后的故事、球队和球员的历史，以及足球如何影响社会和个人生活。这种深层次的文化传播，使得青少年能够更全面地理解足球，认识到足球远不止是场上的九十分钟，而是一种生活方式，一种文化身份的表达。

然而，媒体影响的这一切都不是单向的。青少年的反馈和参与也在反过来塑造媒体的内容和形式。随着青少年用户在社交媒体上的活跃，他们对足球内容的喜好和反馈直接影响了媒体平台的内容制作和推广策略。这种互动性不仅使得足球文化更加多元和丰富，也为青少年提供了表达自己观点、参与足球文化创造的机会。

总的来说，媒体在激发青少年对足球兴趣和热情方面发挥了无可替代的作用。

通过比赛直播、偶像报道、社交互动等多种形式，媒体不仅提供了足球知识和信息，更重要的是提供了情感连接、文化认同和梦想追求的空间。在这个过程中，足球偶像的角色尤为关键，他们不仅是技能的展示者，更是价值观的传播者和梦想实现的象征。因此，媒体与足球偶像共同构成了一个强大的影响力网络，激励着青少年积极参与足球运动，追逐自己的梦想。

四、公共政策与足球推广活动

在当今社会，足球不仅是一项广受欢迎的体育运动，更是一种能够促进社会发展、增强国家软实力和提升公民健康的重要工具。因此，公共政策与足球推广活动之间的联系日益密切，特别是在青少年足球培养方面。政府和非政府组织在推广青少年足球活动中扮演着至关重要的角色，他们的参与不仅限于制定政策、提供资金支持，还包括组织足球相关活动，旨在通过足球来实现更广泛的社会、教育和健康目标。

政府在推广青少年足球活动中的作用主要体现在政策制定和资金支持两个方面。政府通过制定有利于足球发展的政策和规章，为足球活动的开展创造了法律和政策环境。这些政策可能包括税收优惠、土地使用权的便利化、建设足球设施的资金补贴等。通过这些措施，政府为足球活动的组织和参与提供了必要的外部条件。此外，政府还通过直接的财政投入，为青少年足球活动的开展提供资金支持。这种支持可能用于建设或改善足球场地设施、购买足球装备、资助青少年足球培训项目等。政府的资金支持极大地降低了青少年参与足球活动的经济门槛，使得更多的青少年有机会接触和参与足球，促进了足球运动的普及和发展。

非政府组织在推广青少年足球活动中也发挥着不可或缺的作用。相对于政府的宏观政策引导和资金支持，非政府组织更多地参与到足球活动的具体组织和执行中。非政府组织利用自身灵活性强、接近社区和青少年的特点，开展一系列足球推广活动。这些活动包括但不限于足球训练营、校园足球联赛、社区足球节等，通过这些活动，非政府组织不仅提高了青少年对足球的兴趣和参与度，还通过足球教育项目传授了团队合作、公平竞争等价值观念，对青少年的身心发展产生了积极影响。此外，非政府组织还通过筹集资金、提供教练员培训、建立足球学校等方式，为青少年足球培养提供了更多的资源和机会。

政府和非政府组织在推广青少年足球活动中的合作是推动足球发展的重要力量。政府可以通过制定优惠政策和提供资金支持，为非政府组织的足球推广活动创造良好的外部环境。同时，非政府组织凭借其灵活性和创新性，可以在政府政策的框架内开展多样化的足球活动，有效地促进青少年足球的普及和提高。在这种合作模式下，政府和非政府组织各自发挥自己的优势，共同推动青少年足球活动的健康发展。

此外，政府和非政府组织在推广青少年足球活动中还应注重活动的可持续性和长效性。这需要双方不仅关注足球活动的数量和规模，更重要的是提高足球活动的质量，确保足球培训项目符合青少年的发展需要，关注青少年的身心健康和个人成长。同时，还需建立有效的监督和评估机制，定期对足球推广活动的效果进行评估和反馈，及时调整和优化活动策略，确保足球活动能够持续地为青少年的成长和社会的发展做出贡献。

总之，政府和非政府组织在推广青少年足球活动中发挥着不可替代的作用。通过他们的共同努力，不仅可以促进足球运动的普及和发展，还可以通过足球这一平台，培养青少年的身心健康、传递社会正能量，为构建和谐社会做出积极贡献。在这一过程中，政府和非政府组织需要进一步加强合作，充分利用各自的资源和优势，共同推进青少年足球活动的可持续发展，让足球成为连接社会、促进发展的重要纽带。

五、社会认同与足球价值观的传播

在当今社会，足球不仅仅是一项全球性的体育运动，它还是一种文化现象，能够跨越国界、语言和文化，连接不同的人群。足球运动在全球范围内享有极高的普及度和影响力，这不仅因为它的竞技性和观赏性，更因为足球所承载的深厚社会文化意义和价值观。社会对足球的认同程度，以及通过足球运动推广和传播的社会价值观，对青少年的参与度和足球文化的发展起着至关重要的作用。

社会认同是指个体或群体对某一社会现象、文化活动或价值观念的接受和认可程度。足球作为一项群众性体育运动，其受到的社会认同程度直接影响青少年对足球运动的兴趣和参与热情。在那些足球运动得到广泛认同和支持的国家和地区，青少年参与足球活动的比例通常较高。社会对足球的高度认同，不仅体现在广泛的参与基础上，还反映在对足球运动及其文化价值的普遍尊重和积极推崇上。这种认同感激励着青少年积极参与足球运动，同时也促进了足球文化的传承和发展。

足球运动的推广和传播，是社会价值观念传递的有效途径之一。足球场上的公平竞争、团队合作、尊重对手、勇于挑战和自我超越等价值观，对青少年的成长和价值观形成具有积极影响。通过参与足球运动，青少年不仅能够锻炼身体、提高技能，还能学习到如何在团队中发挥作用、如何面对失败和挑战、如何尊重和理解他人。这些通过足球运动传播的价值观念，对于培养青少年的社会责任感、公民意识和道德品质具有重要作用。

然而，社会认同与价值观的传播并非自然而然地发生，它需要通过有意识的教育、宣传和实践活动来实现。学校、足球俱乐部、社区和媒体等都是推广足球文化和价值观的重要平台。在学校和俱乐部层面，通过足球教学和训练，教练和教师可以直接向青少年传授足球技能的同时，强调团队合作的重要性、公平竞争的精神以及对规则的尊重。社区和媒体则可以通过组织足球活动、报道足球故事和榜样人物，将足球运动中的积极价值观传播给更广泛的群体，从而提高社会对足球的认同度，激发青少年的参与热情。

此外，国际足球赛事如世界杯、欧洲杯等大型比赛，不仅是足球技艺的展示，更是全球文化交流和国际友谊的象征。这些赛事通过展现不同国家和地区的足球风格、球队精神以及球迷文化，加深了人们对足球多样性和包容性的认识，推动了全球范围内对足球运动的认同和尊重。

然而，推广足球价值观的过程也面临着挑战。在竞技体育日益商业化的今天，如何在追求竞技成绩和经济利益的同时，保持足球运动的纯粹性和传播其核心价值观，是所有足球组织和从业者需要面对的问题。此外，如何在足球教育中平衡技能训练和价值观教育，确保青少年能够在享受足球乐趣的同时，吸收和实践足球所代表的积极价值观，也是足球文化推广过程中的重要课题。

总之，社会对足球的认同和通过足球运动的价值观传播，对青少年的足球参与度和足球文化的发展具有深远的影响。通过各方面的共同努力，不仅可以提高足球运动的普及度和参与度，还可以借此机会培养青少年的身心健康、社会责任感和道德品质，为社会培养出更多有能力、有担当的公民。足球运动作为一种全球性的文化现象，其在社会价值观传播和人类文化交流中的作用不容小觑，值得我们深入研究和积极推广。

第十章　青少年足球培养模式的创新与实践

在现代社会中，足球不仅仅是一种运动，它更是一种文化，一种激励人心向上的力量。青少年时期是个体身体和心理发展的关键时期，也是足球技能学习和培养的黄金时期。因此，探索和实践适合青少年发展的足球培养模式，对于提升国家足球水平，培养足球人才具有重要意义。第十章《青少年足球培养模式的创新与实践》着眼于这一宏伟目标，旨在通过理论研究和案例分析，探索青少年足球培养的新路径。

本章首先从理论基础出发，探讨青少年足球培养模式创新的必要性和理论支撑。随着科技的进步和社会的发展，青少年的成长环境和方式发生了巨大变化。这要求我们在足球教育和训练中，不断引入新理念、新技术，以适应青少年的身心特点和学习习惯。理论部分的探讨，为后续的实践创新提供了坚实的基础。其次，本章重点讨论创新与实践对青少年足球培养模式的影响。在当前全球化和信息化的背景下，足球培养模式的创新已经成为一个复杂的系统工程，它不仅涉及教学方法和训练手段的创新，还包括管理模式、文化建设、科技应用等多个方面。通过对这些因素的深入探讨和实践验证，本章旨在为青少年足球培养提供更加科学、有效和可持续发展的新模式。

总体而言，本章通过对青少年足球培养模式创新的理论探讨、案例分析和实践影响的综合研究，为青少年足球教育和训练提供了新的视角和方法。在全球足球事业不断发展的今天，这一研究不仅对提升我国青少年足球水平具有重要意义，也为国际足球教育和人才培养提供了有益的借鉴。

第一节　青少年足球培养模式创新的理论基础

一、足球教育的社会文化意义

足球，作为全球最受欢迎的体育运动之一，不仅仅是一场竞技比赛，它还承载着深厚的社会文化意义，对青少年的成长和发展具有重要的影响。在当代社会，足球教育已经超越了传统的体育教学范畴，成为促进青少年全面发展的重要途径之一。这一现象的背后，是足球运动所特有的文化属性和社会价值的体现。

首先，足球作为一种文化现象，在全球范围内具有广泛的社会认同和文化共鸣。它不仅是一项体育运动，更是一种文化标识，反映了不同国家和地区的社会特征、历史传统和文化价值观。对青少年来说，参与足球活动不仅能够锻炼身体、提高技能，更重要的是，它能够让他们接触和学习到多元文化，增进对不同文化的理解和尊重。这种文化交流和融合，对于培养青少年的全球视野、促进其成为具有国际竞争力的世界公民具有不可替代的作用。

其次，足球作为一种社会活动，具有强大的社会凝聚力和包容性。它超越了性别、年龄、种族和社会阶层的界限，使得所有人都可以通过这项运动来共享快乐、表达情感和实现自我价值。对青少年而言，参与足球活动可以帮助他们建立起积极的社交关系，学习团队合作和社会互动的技能。在足球场上，青少年学会如何与他人合作，如何在竞争中保持公平和尊重，这些都是他们未来社会生活中不可或缺的重要技能。

足球教育还具有促进青少年全面发展的重要作用。通过系统的足球训练和比赛，青少年不仅能够提高自己的身体素质，增强体能和协调性，还能够在精神层面得到锻炼和提升。足球运动要求球员具有高度的专注力、判断力和应变能力，这些能力的培养对青少年的智力发展和心理成熟都有积极影响。此外，足球比赛中的胜负经历，也能够帮助青少年学会面对挑战和失败，培养坚韧不拔的意志和积极向上的人生态度。

足球教育的社会文化意义还体现在它对青少年身份认同和自我价值实现的影

响上。在足球活动中，青少年能够感受到团队的归属感和集体荣誉感，这对于他们的身份认同和自信心的建立具有重要作用。通过足球，青少年可以发现自己的潜能，实现个人价值，这种成功感和成就感是他们继续前进的强大动力。同时，足球还为青少年提供了展示自我、挑战自我的平台，让他们在追求梦想的过程中不断成长和进步。

最后，足球教育通过其独特的社会文化意义，为青少年提供了一个学习尊重、责任、公平竞争和团队精神等核心社会价值的平台。这些价值观的内化，不仅对青少年个人的品德塑造至关重要，也对于他们将来能够成为有责任感、有贡献的社会成员具有深远的影响。

综上所述，足球教育的社会文化意义远远超越了运动本身，它通过促进青少年的身心发展、社会适应能力、文化交流和价值观塑造，为青少年的全面发展提供了丰富的资源和机遇。因此，足球不仅是一项体育运动，更是一种重要的教育工具，对于当代青少年的成长和发展具有不可估量的价值。

二、现代教育理论在足球培养中的应用

在当今的足球培养实践中，现代教育理论的应用已经成为推动青少年足球发展的关键因素。这些教育理论，特别是建构主义和多元智能理论，不仅为足球教练和教育者提供了新的视角和方法，也极大地促进了青少年球员的个性化发展和全面成长。

建构主义理论认为学习是一个主动构建知识的过程，强调学习者在学习过程中的主动性和创造性。在青少年足球培养中，这一理论的应用促使教练和教育者从传统的"填鸭式"教学模式转向更加注重学习者主动参与和体验的教学策略。例如，教练可能不再单一地指导技术动作，而是创造情境，让青少年球员通过小组合作、比赛模拟等方式自我探索和学习。这样的过程不仅帮助球员更好地理解足球技术和战术，还激发了他们的创造力和问题解决能力。此外，建构主义还强调知识的社会性构建，即学习发生在社交互动中。因此，教练会鼓励球员之间的交流和讨论，通过团队合作学习来共同提高，这种方法不仅增强了球员之间的默契和团队协作能力，也促进了社交技能的发展。

多元智能理论由霍华德·加德纳提出，主张人类拥有多种独立的智能，如语言智能、逻辑数学智能、空间智能等。在青少年足球培养中，这一理论的应用帮助教练识别和发展每位球员的独特能力和潜力。例如，对于展现出良好空间智能的球员，教练可能会特别强调他们在场上的位置感和战术布置；而对于具有较强身体—动觉智能的球员，则可能更多地训练他们的身体协调性和技术动作。通过这种方式，多元智能理论的应用不仅使足球训练更加个性化，也最大限度地发挥了每位球员的特长和潜力。此外，这一理论还鼓励教练采用多样化的教学方法，如视频分析、模型制作、团队讨论等，以满足不同智能类型球员的学习需求，从而提高整体训练效果。

现代教育理论在青少年足球培养中的应用，不仅改变了训练方法和教学策略，还对青少年球员的成长和发展产生了深远的影响。通过建构主义理论，球员们学会了在实践中主动探索和学习，培养了创新思维和解决问题的能力；同时，他们在团队合作和社交互动中也获得了成长，形成了良好的团队精神和社会适应能力。而多元智能理论的应用，则使教练能够更准确地识别和培养球员的个性化能力，让每位球员都能在自己最擅长的领域发光发热，从而最大化地激发了球员的潜能和热情。

总之，现代教育理论的应用为青少年足球培养提供了新的视角和方法。通过这些理论的指导，足球训练不仅更加注重球员的个性化发展和全面成长，也更加高效和有趣。这不仅有助于提高青少年球员的技术和战术水平，还促进了他们心理和社会能力的发展，为他们未来无论是在足球领域还是其他领域的成功奠定了坚实的基础。

三、青少年心理与生理发展特点

青少年时期是个体生命中的一个重要阶段，这一时期不仅伴随着显著的生理变化，如身高的迅速增长、第二性征的出现等，同时也是心理和认知功能快速发展的关键时期。在这一阶段，青少年在社会角色、自我认知以及情感管理等方面都会经历深刻的变化。这些心理与生理的特点对青少年足球技能的学习和掌握产生了深刻的影响，理解这些影响对于设计有效的足球训练计划和教学方法至关重要。

从生理发展的角度来看，青少年时期身体的快速成长和力量的增加为足球技能的提升提供了物质基础。身体的成长使得他们能够跑得更快、跳得更高，而力量的增加则有助于提高射门的力度和传球的距离。然而，生理发展的不均衡也可能导致青少年在协调性和平衡能力上出现暂时性的退步，这就要求教练在设计训练计划时，需要充分考虑到个体差异，避免采用"一刀切"的训练方法。

青少年时期心理发展的特点也对足球技能的学习产生了重要影响。在这一时期，青少年的自我意识急剧增强，他们开始更加关注自己在同伴中的地位以及自己的表现。这种变化可能会对他们的自信心产生双重影响：一方面，成功的经历可以显著提升自信心，促使他们更加积极地参与训练和比赛；另一方面，失败和挫折可能会对他们的自尊心造成打击，导致他们对足球训练和比赛产生抵触情绪。因此，教练和家长需要提供积极的支持和鼓励，帮助青少年正确处理失败，鼓励他们从错误中学习，而不是逃避挑战。

青少年时期认知功能的发展也为足球技能学习提供了新的机遇。这一时期，青少年的抽象思维能力、问题解决能力和决策能力都有了显著的提升，这使得他们能够更好地理解足球比赛的战术和策略。教练可以利用这一点，通过视频分析、模拟比赛等方式，帮助青少年球员深入理解比赛中的复杂情况，提高他们的战术意识和比赛智慧。同时，这一时期青少年的注意力集中能力和记忆力也在不断提高，这对于掌握复杂的足球技巧和动作有着积极的促进作用。

然而，青少年时期也伴随着情绪波动和心理压力的增加。在这一时期，青少年对于社交关系的敏感度增高，对于来自家庭、学校和社会的期望压力也更为敏感。这些心理压力和情绪波动可能会影响他们的训练和比赛表现，甚至影响到他们对足球的热情和兴趣。因此，建立一个支持性的训练环境，提供心理辅导和情绪管理的指导，对于帮助青少年应对这些挑战、保持良好的心态和高效的训练状态至关重要。

综上所述，青少年时期的心理与生理特点对足球技能的学习和掌握产生了深远的影响。理解这些特点，并在足球训练和教学中加以适应和利用，对于促进青少年球员的全面发展、提高他们的足球技能和比赛表现具有重要意义。这要求教练、家长和足球教育工作者不仅要关注青少年的技术训练，更要关注他们的心理健康和身心发展，为他们创造一个积极、健康、支持性的成长环境。

四、技术进步对足球训练的影响

在过去的几十年里，技术进步已经深刻地改变了足球训练的面貌，尤其是信息技术和生物科技的迅猛发展，为足球训练和教学带来了前所未有的机遇和挑战。这些技术的应用不仅提高了训练效率和效果，而且也在塑造着现代足球的未来。

信息技术的进步，特别是数据分析、人工智能（AI）和物联网（IoT）的发展，已经成为足球训练不可或缺的一部分。通过收集和分析大量的比赛和训练数据，教练员和分析师能够更加精确地了解球员的表现、身体状况以及对手的战术布局。数据分析工具能够提供关于球员跑动距离、速度、心率、疲劳水平等多维度的数据，帮助教练制定个性化的训练计划，以提高球员的体能和技术水平。此外，AI技术的应用还可以模拟对手的战术布局，帮助球队更好地准备比赛。

与此同时，视频分析技术也在足球训练中发挥着重要作用。通过对比赛和训练的视频回放进行深入分析，教练和球员可以直观地看到自己在场上的表现，包括位置选择、球员之间的配合以及个人技术动作的执行。这种直观的反馈机制对于球员技术和战术水平的提高至关重要，它可以帮助球员和教练员及时调整训练内容和比赛策略。

生物科技的应用，则主要体现在球员的体能训练和伤病预防上。通过生物反馈技术，教练团队能够实时监控球员的身体状况，如心率、血氧水平和肌肉活动，从而更加科学地安排训练强度和恢复计划。此外，基因检测技术的应用也开始进入足球领域，它可以帮助发现球员的先天优势和潜在的健康风险，为制定个性化的训练和营养计划提供依据。

穿戴式设备技术的发展，也极大地促进了足球训练的科学化和个性化。球员在训练和比赛中佩戴的传感器和追踪设备，可以实时收集关于位置、速度、加速度等的数据，这些数据对于分析球员的运动表现和体能状况非常有价值。通过对这些数据的分析，教练团队可以更加精准地评估球员的表现，及时调整训练强度和内容，以最大化训练效果。

在提高训练效率和效果的同时，这些技术的应用还带来了新的挑战。例如，如何确保收集和分析的数据的准确性和安全性，如何平衡技术应用与传统训练方法之间的关系，以及如何确保所有球队和球员都能平等地获得这些技术资源。这些挑战需要足球界、技术提供商以及相关监管机构的共同努力来解决。

信息技术和生物科技的发展为足球训练和教学带来了革命性的变化。通过这些先进技术的应用，可以更加科学和有效地提高球员的体能、技术和战术水平，预防伤病，从而提升比赛表现。然而，面对技术进步带来的机遇和挑战，足球界需要不断探索和适应，以确保技术的合理和有效应用，促进足球运动的持续发展和繁荣。

五、全球化背景下的足球教育交流与合作

在全球化的今天，足球不仅是世界上最受欢迎的体育运动之一，也成为文化交流和国际合作的重要桥梁。全球化背景下的足球教育交流与合作为青少年足球培养模式的创新提供了前所未有的机会。随着信息技术的发展和全球交流的加深，不同国家和地区之间的足球教育理念、训练方法、教育资源以及管理模式等方面的互动与融合日益增强，为促进足球运动的全面发展和提高青少年球员的培养质量开辟了新的途径。

首先，全球化促进了足球教育理念的交流与融合。不同国家和地区在足球教育与培养方面有着各自的特色和优势。例如，巴西足球以其技术细腻、控球精准著称，而德国足球则以其严谨的战术体系和团队协作能力闻名。通过国际合作项目、教练员交流、研讨会等形式，不同国家的足球教育工作者可以相互学习和借鉴，从而丰富和完善自己的教育理念和训练内容，为青少年球员提供更加全面和多元化的培养方案。

其次，国际合作为足球教育资源的共享和利用提供了平台。随着国际足球组织如国际足联（FIFA）和欧洲足球协会联盟（UEFA）等在全球范围内推动足球发展的项目和活动的实施，足球教育资源，包括优质的教练员、先进的训练设施、丰富的教学材料等，得以在全球范围内流动和共享。这不仅有助于资源相对匮乏地区的足球教育水平的提升，也为全球青少年足球人才的发掘和培养创造了更加

广阔的空间。

再次，国际足球赛事和交流活动为青少年球员提供了展示自我和学习成长的舞台。通过参与国际青少年足球赛事和交流活动，青少年球员不仅有机会与来自不同文化背景的同龄人竞技和交流，而且还能亲身体验到不同的足球文化和风格，拓宽视野，提升技能。这种实战经验的积累对于青少年球员的成长和发展具有不可估量的价值。

此外，全球化还推动了足球教育管理模式的创新。随着国际交流的深入，足球俱乐部、学校以及其他足球教育机构开始借鉴和引进国外成功的管理模式和运营机制，如专业化管理、市场化运作、社区参与等，以提高自身的管理效率和教育质量。这些管理模式的创新不仅有助于提升机构的竞争力，也为青少年足球培养模式的持续改进和发展提供了动力。

最后，全球化为足球教育的科研合作创造了条件。足球教育的科学研究是提升教育质量和培养效果的重要途径。通过国际合作，足球教育工作者和研究人员可以共享研究成果，共同开展跨国研究项目，探索青少年足球培养的最佳模式和方法。这种科研合作不仅加速了足球教育科学研究的进程，也为青少年足球培养的实践提供了科学依据和创新思路。

综上所述，在全球化背景下，足球教育的交流与合作为青少年足球培养模式的创新提供了丰富的资源和广阔的平台。通过积极参与国际合作，不断学习和借鉴国际先进的教育理念和实践经验，足球教育工作者可以为青少年球员创造更加优质和多元化的培养环境，促进他们的全面发展和成长，为世界足球事业的繁荣和发展做出贡献。

第二节　创新与实践对青少年足球培养模式的影响

一、教学方法与训练手段的创新

在青少年足球培养过程中，教学方法与训练手段的创新是推动技能有效学习和掌握的关键因素。传统的训练模式往往侧重于技术动作的重复练习，缺乏对青少年球员心理、认知发展和个性化需求的深入考虑。随着教育理念的不断进步和科技的快速发展，创新的教学方法和训练手段成为提升青少年足球训练效果的重要途径。

创新的教学方法着重于提升球员的主动学习能力和创造性思维。这包括采用游戏化学习、情景模拟、问题解决等方法，激发青少年球员的学习兴趣和参与度。例如，通过设计与比赛情境相似的训练游戏，球员能够在轻松愉快的环境中学习技术和战术。这种情景模拟不仅能够帮助球员理解技术动作的实战应用，还能提升他们对比赛流程的认知和理解。

个性化训练计划的制定是创新训练方法的另一重要方面。每个青少年球员的身体条件、技术基础、心理特点和学习速度都不尽相同，因此，制定符合个人特点的训练计划显得尤为重要。教练可以通过数据分析工具对球员的技术动作、比赛表现和身体素质进行评估，从而提供针对性的训练建议和指导。这种个性化的训练方法能够更有效地促进球员技能的提升和全面发展。

科技的应用是现代足球训练创新的显著特点。高科技训练设备和软件，如虚拟现实 (VR) 技术、运动捕捉系统、视频分析软件等，为青少年足球训练提供了全新的工具。通过 VR 技术，球员可以在模拟的比赛环境中进行训练，这不仅能够提高训练的趣味性，还能增强球员对比赛情境的适应能力和决策能力。同时，运动捕捉系统和视频分析软件能够帮助教练和球员准确分析技术动作，及时发现并改正错误，从而提高训练的效率和效果。

培养球员的心理素质也是创新教学方法的重要组成部分。足球比赛中的心理压力管理、团队合作意识、比赛中的应变能力等，都是决定球员表现的关键因素。

教练可以通过心理训练课程、团队建设活动、情绪管理工作坊等方式，帮助球员建立积极的心态，增强心理韧性和团队协作能力。这种对心理素质的关注和培养，不仅能够提高球员在比赛中的表现，还有助于他们的全面成长和发展。

家长和社区的参与也是青少年足球训练创新中不可忽视的一环。通过组织家长会议、社区足球节等活动，可以增强家长对足球训练的了解和支持，同时也能够提升球员的社会归属感和团队精神。家长和社区的积极参与，不仅能够为球员提供更多的支持和鼓励，还能够促进足球文化的传播和发展。

总之，创新的教学方法和训练手段对于提升青少年足球训练的效果具有重要意义。通过引入游戏化学习、个性化训练计划、科技应用、心理素质培养以及家长和社区的参与，可以有效激发青少年球员的学习兴趣，提高训练的效率和效果，促进球员技能的全面发展。在足球的世界里，每一次创新都是对传统的挑战和超越，也是对青少年球员未来潜力的深度挖掘和发掘。

二、管理模式与文化建设的创新

在现代足球的世界里，管理模式与文化建设不仅仅是一个俱乐部或足球学校运营的辅助工具，它们已经成为塑造青少年球员态度和价值观，乃至决定其未来发展潜力的关键因素。随着足球运动的全球普及和竞技水平的不断提高，足球机构如何通过管理模式和文化建设的创新来促进青少年球员的全面发展，已经成为一个值得深入探讨的话题。

管理模式的创新首先体现在对青少年球员个体差异的认识和尊重上。传统的管理模式往往采用一刀切的方法，忽略了球员之间在技术水平、心理素质、身体条件等方面的差异。而现代足球学校和俱乐部越来越倾向于采用个性化的管理策略，通过科学的测试和评估，为每位球员定制个性化的训练计划和职业发展路径。这种以球员为中心的管理模式不仅有助于充分发挥每位球员的潜能，还能够激发他们对足球的热爱和对自我发展的积极态度。

在文化建设方面，创新同样至关重要。文化建设不仅仅是塑造球队精神和增强团队凝聚力的手段，更是一种通过共享价值观、行为规范和信仰来影响球员态度和价值观的机制。足球学校和俱乐部通过创新的文化建设，比如强调尊重、团队合作、自我超越等核心价值观，能够在球员心中树立正确的人生观和价值观。这种文化的内化过程，不仅能够提升球员在场上的表现，更重要的是，它能够帮助青少年球员在日常生活中形成积极向上的人格特质。

管理模式与文化建设的创新还体现在对技术和信息化工具的应用上。随着科技的发展，数据分析、视频分析等现代技术被广泛应用于球员的训练和比赛中。通过这些技术工具，教练和管理人员能够更加精确地了解球员的表现，为其提供更加科学、合理的指导和反馈。同时，这些技术的应用也促进了足球文化的传播和分享，通过社交媒体、在线平台等渠道，球员和球迷之间可以更加便捷地交流和互动，共同塑造和传承足球文化。

更重要的是，管理模式与文化建设的创新对于青少年球员的长远发展具有深远的影响。一个积极、健康、具有包容性的足球文化环境，能够帮助青少年球员树立正确的竞技观念和职业态度，培养他们面对困难和挑战时的韧性和勇气。在这样的环境中成长起来的球员，不仅在足球场上能够表现出色，他们在社会中也更加容易成功。

三、科技应用在足球训练中的角色

在现代足球训练中，科技的应用已经成为提升训练效率和质量的重要手段。随着科技的不断进步，数据分析、视频回放等工具被广泛应用于足球训练和比赛分析中，这些工具不仅改变了教练员和球员的训练方式，也为足球运动的科学化训练提供了强有力的支持。

数据分析在足球训练中的应用，可以追溯到对球员表现的量化分析。通过收集球员在训练和比赛中的数据，如传球次数、跑动距离、球速等，数据分析工具能够帮助教练团队深入理解球员的表现，并据此制定个性化训练计划。这种基于数据的训练方法使教练能够针对性地提升球员的技术和战术水平，如通过分析球员的跑位数据，教练可以指导球员如何更有效地移动，以提升球场上的表现。

视频回放技术的应用，则为教练员和球员提供了直观的学习和分析工具。通过回放训练或比赛的录像，球员可以直观地看到自己的表现，包括技术动作的准确性、战术执行的有效性等。教练员也可以利用视频分析，向球员展示其优点和需要改进的地方，这种直观的反馈方式对球员技术和战术水平的提升具有显著效果。视频回放不仅限于个人表现分析，还广泛应用于团队战术的研究。通过分析对手的比赛录像，教练团队可以深入了解对方的战术布置和球员特点，据此制定出更有针对性的比赛策略。

随着科技的发展，更多先进的技术工具被引入足球训练中。例如，穿戴式设备可以实时监测球员的生理状态，如心率、体温等，这对于评估球员的体能状态和预防运动伤害具有重要作用。另外，虚拟现实 (VR) 技术的应用，使球员可以在模拟的环境中训练，这种沉浸式的训练方式不仅能够提高训练的趣味性，还可以让球员在没有实际比赛压力的情况下练习特定技术或战术。

科技应用在足球训练中的角色不仅限于提升球员的技术和战术水平，更在于促进了足球训练科学化、个性化的发展趋势。数据分析和视频回放等工具的应用，使得训练过程更加量化和可视化，教练团队可以基于大量的数据和实际表现，制定更加合理和有效的训练计划。此外，科技的应用还有助于提高训练的安全性，通过实时监测球员的生理状态，教练可以及时调整训练强度，有效预防运动伤害的发生。

总之，科技在现代足球训练中扮演着至关重要的角色。数据分析、视频回放以及其他先进技术的应用，不仅提升了训练的效率和质量，还推动了足球运动向科学化、个性化的方向发展。随着科技的不断进步，未来足球训练中的科技应用将更加广泛，对提升足球运动整体水平将起到更加重要的作用。

四、跨学科融合对足球教育的影响

在当今足球教育领域，跨学科融合已经成为一种不可逆转的趋势，它通过将不同学科的知识、理论和方法引入足球训练中，为青少年球员的全面发展提供了新的视角和途径。心理学、营养学与足球训练的结合，不仅拓宽了足球教育的范畴，也为青少年球员的身心健康、技能提升和战术理解提供了坚实的支撑。

心理学在足球训练中的应用，是跨学科融合影响足球教育的一个显著方面。足球比赛不仅仅是对技术和体能的较量，更是心理素质的考验。心理学的引入，使教练和球员开始重视心理准备、压力管理和团队合作精神的培养。通过心理训练，球员能够学会如何在比赛中保持冷静，如何面对失败和挑战，以及如何通过积极的心态影响比赛的结果。此外，心理学还帮助教练了解每位球员的个性和需求，从而制定出更加个性化和有效的训练计划，这对于青少年球员的成长和发展至关重要。

营养学与足球训练的结合，则从另一个维度促进了青少年球员的全面发展。足球是一项对体能要求极高的运动，适当的营养支持对提高运动表现、加速恢复和预防伤病起着不可忽视的作用。通过营养学的知识，教练和球员可以了解到哪些食物和营养素对提高体能和恢复有益，如何通过饮食调整来满足训练和比赛的需求。营养计划的制定和执行，不仅有助于球员在场上的表现，也对其长期健康和生活质量产生影响。随着足球训练与营养学的深度融合，足球教育领域越来越重视科学饮食和健康管理，这对于促进青少年球员的健康成长具有重要意义。

跨学科融合对足球教育的影响还体现在它促进了创新和多元化的教学方法。传统的足球训练注重技术和战术的教学，而跨学科融合的实践拓展了教学内容和方法，如引入心理游戏、模拟训练、视频分析等多样化的训练手段。这些创新的训练方法不仅使训练过程更加丰富多彩和有趣，也有助于提高球员的学习效率和训练效果。通过跨学科的视角，足球训练更加注重培养球员的综合素质，如领导力、团队协作能力、解决问题的能力等，这些都是青少年球员在足球场上乃至未来生活中必备的重要技能。

通过将心理学、营养学等学科的知识和方法引入足球训练，足球教育变得更加人性化和多元化，能够更好地满足青少年球员的成长需求。在未来，随着跨学科融合的不断深入，足球教育将会迎来更多的创新和发展，为青少年球员提供更加广阔的成长平台和机会。

五、社会支持与家庭参与对青少年足球的影响

社会支持与家庭参与在青少年足球培养过程中扮演着至关重要的角色。这不仅仅是因为它们能提供物质和精神上的支持，更因为它们能够构建一个积极、健康的足球学习环境，进而影响青少年的心理发展、社会行为以及足球技能的提升。在当前全球化与信息化的背景下，社会支持和家庭参与的方式和途径更加多样化，

它们对青少年足球培养的影响也日益显著。

社会支持包括来自学校、足球俱乐部、社区以及广泛的社会网络的支持。这些支持不仅为青少年提供了学习足球的场地、器材和经费，更为他们提供了与同龄人交流和竞争的机会，这对于提升他们的足球技能至关重要。此外，社会支持还包括来自教练和同伴的鼓励和认可，这些正面的反馈能够增强青少年的自信心和归属感，激发他们对足球的热爱和对提高技能的渴望。在一些成功的案例中，社区和学校通过组织定期的足球比赛和训练营，不仅增加了青少年参与足球活动的机会，而且通过这些活动培养了团队合作精神和公平竞争的态度。

家庭参与则是青少年足球培养中另一个不可或缺的因素。家长的支持不仅体现在物质层面，如为孩子提供足球装备、支付训练费用等，更重要的是在精神层面的支持和鼓励。家长对孩子足球活动的关注和参与能够显著提高孩子的自我效能感，使他们更加自信地面对训练和比赛中的挑战。家庭中积极的沟通氛围有助于青少年分享他们的足球经历和挑战，家长可以通过倾听、鼓励和提供建议的方式，帮助他们解决问题，增强解决问题的能力。此外，家长与教练之间的良好沟通，有利于形成一致的教育和训练目标，这对青少年的成长和足球技能提升同样重要。

然而，社会支持和家庭参与在推动青少年足球培养过程中也面临着挑战。例如，家庭经济条件、父母的工作繁忙等因素可能限制了家庭对孩子足球活动的支持。此外，社会对足球的重视程度、足球基础设施的分布不均等问题也会影响社会支持的效果。因此，如何有效地克服这些挑战，增强社会和家庭对青少年足球培养的支持，成为一个重要的议题。

为了构建一个积极的足球学习环境，需要从多个层面入手。首先，政府和相关机构应该加大对足球运动的投入，改善足球基础设施，保证每个孩子都有机会接触和学习足球。其次，学校和社区应该提供更多的足球相关活动，如足球节、亲子足球赛等，以增加家长和孩子共同参与的机会，同时，这些活动也能够增强社区内部的联系和支持网络。此外，对于家长而言，重要的是要认识到支持孩子足球活动的重要性，通过参与孩子的足球活动，不仅能够增进家庭成员之间的关系，更能够促进孩子的全面发展。

综上所述，社会支持与家庭参与对青少年足球培养具有深远的影响。通过提供物质、精神上的支持和创造积极的学习环境，可以有效提升青少年的足球技能，增强他们的心理素质和社会能力。面对挑战，需要社会各界的共同努力，以确保每个青少年都有机会在足球的世界中找到自己的位置，享受足球带来的乐趣和成长的快乐。

第十一章　青少年足球培养模式的评价
指标体系与方法

第十一章是本书的重要组成部分，它关注如何科学、系统地评价青少年足球培养模式的效果。在全球化的今天，足球教育和培养已经跨越了国界，采用了多样化的方法和理念。因此，建立一个合理的评价指标体系，选择适当的评价方法和工具，对于理解培养模式的优劣、指导未来的培养策略具有至关重要的意义。

本章的第一节详细介绍了评价指标体系的具体构建过程，包括但不限于技术技能、心理素质、团队合作能力等方面的指标。这些指标的选取基于对足球运动和青少年成长特点的深入理解，旨在全方位评估培养模式的效能。接着，第二节聚焦于评价方法与工具的选择。在这一节中，我们将讨论不同的评价方法，如定量分析、定性分析、案例研究等，以及它们在具体评价过程中的适用性和优劣。此外，本节还将介绍一些现代技术工具，如数据分析软件、视频分析工具等，它们如何帮助评价者更加准确、高效地收集和分析数据。

通过对青少年足球培养模式评价指标体系与方法的深入研究，本章旨在为足球培养实践提供科学的评价基础，促进青少年足球教育的持续改进和发展。在足球的世界中，每一个青少年都有可能是未来的明星，而科学合理的评价体系和方法，就是他们通往成功的重要助力。

第一节　青少年足球培养模式评价指标体系构建

一、技术技能评价指标

在构建青少年足球培养模式的评价指标体系中，技术技能的评价占据了核心位置。技术技能是足球运动员最基本也是最重要的能力之一，直接影响着球员在比赛中的表现和效率。因此，对球员的基本技能，包括控球、传球、射门等进行全面而深入的评估，对于理解和提升青少年足球培养模式的效果至关重要。

首先，控球能力是足球技术技能中最基本的一环，它是指球员在接球和运球过程中对足球的控制能力。一个优秀的控球能力不仅要求球员能够在高速运动中准确接住来球，还需要在紧逼之下保持球权，以及在有限的空间内通过技巧避开对手的抢断。评估控球能力时，可以从球员接球的成功率、在对抗中保持球权的能力，以及在不同情况下控球的稳定性等方面进行考量。此外，控球能力的评价还应考虑球员利用身体各个部位（如脚、胸、头等）控球的技巧和效果，这些都是评估控球能力的重要方面。

其次，传球能力是衡量球员技术技能的另一关键指标。传球不仅仅是将球从一点传递到另一点，更重要的是要在正确的时间、以正确的方式将球传递给恰当的队友，从而有效推进比赛。评估传球能力时，应关注传球的准确性、传球决策的及时性，以及传球方式的多样性。准确性可以通过传球成功率来衡量，及时性则体现在球员能否快速做出决策并执行传球，而多样性则关注球员是否能够根据比赛情况灵活选择地面传球、高空传球、直塞球等不同的传球方式。

最后，射门能力是决定比赛结果的关键因素之一。一个球员的射门能力不仅包括射门的力量和准确性，还包括射门技巧、射门时机的选择以及在不同位置和条件下射门的能力。评估射门能力时，可以从射门成功率、射门选择的合理性、射门方式的多样性以及在关键时刻把握射门机会的能力等方面进行分析。成功率直接反映了球员射门的效果，而射门选择的合理性和多样性则更多地体现了球员的心理素质和比赛智慧。此外，一个球员在面对不同防守压力和比赛环境时，能否准确、冷静地完成射门，也是评价射门能力的重要方面。

在评价这些技术技能时，采用科学的方法和工具至关重要。除了传统的观察和统计分析外，现代技术如视频分析软件、数据分析平台等也被广泛应用于技术技能的评估中。这些工具可以帮助教练和评价者更加精确地分析球员的表现，识别技术动作的不足，从而为球员提供更为针对性的训练建议。

通过对球员控球、传球、射门等基本技能的全面评估，可以深入了解青少年足球培养模式的效果，为进一步优化培养策略和提高足球教育质量提供重要的依据。在这一过程中，评价指标体系的科学性、全面性和客观性是确保评价效果的关键。

二、战术理解与应用评价指标

在青少年足球培养模式中，战术理解与应用的评价是一个复杂而细致的过程，它不仅涉及球员对足球战术知识的掌握程度，还包括他们在实战中运用这些知识做出决策和实施能力的评估。这一评价指标的构建是基于对足球运动深层次理解和分析，旨在全面衡量球员的战术素养和比赛智慧。

战术理解与应用能力的评价，首先需要明确战术知识的范畴。在足球中，这包括但不限于球队的进攻战术、防守战术、转换战术、定位球战术等。这些战术知识不仅需要球员理论上的了解，更重要的是他们能够在场上实际应用这些战术，包括如何在不同的比赛情况下做出正确的战术选择，如何与队友之间建立有效的战术配合，以及如何针对对手的战术布局进行调整和应对。

评价球员战术理解能力的一个重要方面是观察其在比赛中的位置选择和移动。这不仅反映了球员对战术布局的理解，还涉及他们预判比赛发展和对局势变化的能力。例如，一个能够及时插上支援进攻或及时回撤参与防守的球员，显示了其对比赛节奏和战术要求的良好把握。

此外，球员在比赛中的决策制定也是评价其战术应用能力的关键。这包括在面对不同防守压力时的传球选择、在有限时间内做出射门还是传球的决策，以及在防守时选择断球还是保持阵型的稳定。这些决策不仅要快速，而且要精准，反映了球员对战术知识的深入理解和实战中的应用能力。

评价过程中，还需要关注球员的创造性和适应性。足球比赛充满变数，优秀的球员应能展现出在面对未曾遇到的比赛情境时的适应能力和创新战术的能力。例如，面对密集防守时，球员能否创造性地找到破解对方防线的方法，或在常规战术行不通时，能否及时调整策略，这些都是评价其战术理解与应用能力的重要指标。

评价方法可以采用多种方式，包括但不限于比赛观察、视频分析、战术讨论和模拟演练等。通过这些方法，教练和评估者可以从多个角度和维度对球员的战术理解与应用能力进行综合评价。比赛观察和视频分析可以直观地反映球员在实际比赛中的表现，而战术讨论和模拟演练则更侧重于球员战术思维的培养和战术应用能力的提升。

在评价过程中，还需要考虑到球员年龄和发展阶段的差异。青少年球员的战术理解和应用能力是逐步发展和完善的，因此评价标准应根据他们的年龄和成熟度进行适当调整。对于年轻球员，更多的是关注他们对基本战术知识的掌握和简单战术应用的能力；而对于更成熟的球员，则需要评价其在复杂比赛情境下的战术决策和创新应用能力。

总之，战术理解与应用能力的评价是青少年足球培养模式中不可或缺的一环。通过科学合理的评价指标体系和多元化的评价方法，可以有效地促进球员战术素养的提高，为他们成为更全面、更高水平的足球运动员打下坚实的基础。

三、身体能力评价指标

在青少年足球培养模式的评价中，身体能力的评估是一个不可或缺的环节。身体能力，作为足球运动员综合素质的重要组成部分，直接影响到球员的表现和竞技水平。在这个评价指标中，我们主要关注速度、力量和耐力这三个核心要素。这些要素不仅关系到球员的个人表现，更是团队整体表现的关键因素。通过科学、系统的评估方法，我们能够更准确地了解青少年球员在身体能力方面的发展水平，为他们提供更有针对性的训练计划，促进其全面发展。

速度是足球运动中极为重要的身体素质之一。它不仅体现在球员的短距离冲刺能力上，还包括反应速度和移动速度。在青少年足球培养模式评价中，对速度的评估通常通过标准化的测试来完成，比如 30 米冲刺测试用以评估球员的爆发力和短距离冲刺能力；而反应速度测试，则通过特定的反应时间测验来衡量球员在比赛中突发情况的应对速度。这些测试不仅需要考虑到测试的科学性和准确性，还应该关注其对青少年球员身心健康的影响，避免过度负荷。

力量是另一个关键的评价指标，它直接关系到球员在场上的对抗能力、跳跃能力和射门力度。在评估青少年球员的力量时，我们通常采用一系列的力量测试，包括但不限于立定跳远、引体向上或俯卧撑等。这些测试能够有效地衡量球员的上肢、下肢和核心力量。然而，评价过程中需要特别注意的是，测试的设置必须适合青少年球员的身体发育状况，避免造成运动损伤。因此，力量评估不仅要量化球员当前的力量水平，还要结合其年龄、性别和发育阶段，进行个性化的分析和解读。

耐力是足球运动中极为重要的体能指标，它使球员能够在比赛中保持高强度的运动表现。在青少年足球培养模式的评价中，耐力的评估通常采用长跑或间歇跑等测试。这些测试旨在测量球员的有氧耐力和无氧耐力，从而反映球员的体能状态和比赛持久力。与速度和力量的评估类似，耐力测试也需要考虑到青少年球员的特殊性，如测试的强度和持续时间应当与球员的年龄和体能相匹配，以确保测试的安全性和有效性。

在构建青少年足球培养模式的评价指标体系时，对身体能力的评估不仅需要科学、标准化的测试方法，还需要综合考虑球员的个体差异和发展特点。评估结果的解读和应用应当指导着训练计划的制定和调整，旨在促进每位球员的身体素质全面提升。此外，身体能力的评估还应当结合技术、战术、心理等其他方面的评估，形成一个多维度、全面的评价体系，以全面地反映和促进青少年球员的成长和发展。

总之，在青少年足球培养模式评价指标体系的构建中，身体能力评估是一个基础且关键的环节。通过对速度、力量和耐力等核心身体素质的科学评估，我们不仅能够深入了解青少年球员的体能状态，还能为他们提供更加个性化和有效的训练支持，帮助他们在足球领域实现自己的梦想和目标。

四、心理素质评价指标

在青少年足球培养模式的评价过程中，心理素质评价指标的建立是一个至关重要的环节。心理素质不仅直接影响着青少年球员的场上表现，也是其长期发展和适应高水平竞赛压力的关键因素。因此，一个科学、全面的心理素质评价指标体系对于青少年足球培养模式的成功实施具有决定性的作用。

心理韧性是指球员面对比赛中的逆境、挑战或压力时，能够保持积极态度，迅速恢复到最佳心态的能力。这种能力使球员能够在比赛中遇到困难时不轻易放弃，持续施展自己的技术和战术，最终实现逆转或保持优势。评价心理韧性的指标不仅包括球员在面对比分落后、裁判判罚不力等情况下的反应，还包括在训练中面对困难和挑战时的态度和反馈。

比赛压力应对能力是指球员在比赛关键时刻能够有效管理自己的情绪，保持清晰的思维和冷静的判断。这包括在点球、关键进攻或防守等高压力情景下，球员能够如何克服紧张、焦虑等负面情绪，展现出应有的水平。评价这一能力的指标涉及球员在压力情境下的决策质量、执行力以及情绪控制能力等方面。

团队合作精神反映了球员如何与队友进行有效沟通、协作，并共同为团队目标努力的能力。在足球这项集体运动中，个人能力虽然重要，但没有团队合作精神，个人才华往往难以发挥到极致。评价团队合作精神的指标包括球员在场上的支持行为、沟通效率、对战术执行的适应性以及对团队成功的贡献度等。

在建立心理素质评价指标时，我们不仅要关注球员的表现和成果，还要深入了解其内在的心理过程。这要求评价者采用多种方法和工具进行综合评价，如心理测评工具、行为观察、深度访谈以及球员、教练和队友之间的互评等。通过这些方法，评价者可以更加全面和客观地了解球员的心理素质状况，为其提供针对性的心理训练和支持。

此外，心理素质的评价还需要注重动态性和发展性。青少年球员的心理素质并非一成不变，而是在不断的训练和比赛中逐渐形成和发展的。因此，在评价过程中，应当关注球员心理素质的变化趋势，及时发现其潜在的心理问题，并提供相应的干预措施。这不仅有助于球员在竞技水平上的提升，也对其个人成长和心理健康具有重要意义。

总之，心理素质评价指标的建立是青少年足球培养模式评价体系中的核心内容之一。通过科学、全面的评价，可以为青少年球员提供更加精准的心理训练和支持，帮助他们在足球道路上走得更远、更稳。

五、社会适应能力评价指标

在探讨青少年足球培养模式的评价指标体系时，社会适应能力的评价是一个至关重要的维度。足球，作为一项集体运动，不仅仅是对个体技术和身体素质的考验，更是对球员社交技能、团队协作能力以及对社会规范适应能力的全面挑战。这些能力的培养和提高对于青少年球员的成长、未来的职业发展以及整体人格的塑造都有着不可替代的作用。

社交技能对于青少年球员而言，是他们在球场内外建立有效沟通、融入团队、建立人际关系的基础。这不仅包括语言表达和倾听的能力，还涉及非言语沟通的能力，如肢体语言、面部表情以及目光交流等。良好的社交技能能够帮助球员在比赛中更好地理解队友和教练的意图，促进信息的有效传递，从而提高团队协作效率。此外，这也有助于球员在竞争激烈的环境中，建立积极的人际关系，为自己赢得更多的支持和帮助。

团队互动能力是衡量球员是否能够在团队中发挥最大作用的关键。它不仅仅体现在球员在场上的配合上，更重要的是在于球员是否能够理解并接受团队的目标、策略以及每个成员的角色。这要求球员具备一定的同理心，能够从他人的角度考虑问题，同时也需要球员有较强的适应能力和灵活性，能够在不同的比赛环境和团队配置中找到自己的定位。此外，团队互动能力还包括冲突解决和协商能力，这对于维持团队的和谐、提高团队的凝聚力具有重要意义。

对社会规范的适应能力则是球员社会适应能力的另一个重要方面。这包括对足球比赛规则的理解和遵守，对于体育道德和精神的认同，以及在社会中作为一名运动员应有的行为准则。球员需要理解，他们不仅仅是球队的一分子，同时也是社会的一员。他们的行为、言论以及态度，都能够对周围的人产生影响，特别是对青少年球迷而言，他们往往是模仿和学习的对象。因此，培养球员对社会规范的适应能力，不仅有助于他们在球场上的表现，更能够帮助他们成为社会中的积极分子，传播正面的价值观和行为模式。

评价球员的社会适应能力，需要综合考虑他们在以上各个方面的表现。这不仅需要通过观察球员在训练和比赛中的行为，分析他们与队友、教练以及对手之间的互动，还需要通过问卷调查、个人访谈等方式，了解球员的社交网络、人际关系以及对各种社会现象的态度和看法。此外，还可以通过模拟社会情境、团队建设活动等方法，进一步考察球员的团队互动能力和对社会规范的适应能力。

总的来说，社会适应能力的评价是一个多维度、复杂的过程，它不仅涉及球员个人的能力，还涉及他们所处的社会环境和文化背景。因此，在构建青少年足球培养模式的评价指标体系时，需要充分考虑到这一维度的复杂性和重要性，采用科学、全面、客观的方法进行评价，以促进球员的全面发展，帮助他们成为技术精湛、心理健康、社会适应能力强的优秀足球运动员。

第二节　青少年足球培养模式评价方法与工具选择

一、定量分析方法

在当今的青少年足球培养领域，定量分析方法已经成为评价球员表现和培养效果的重要工具。这种方法的核心在于利用统计数据和数值分析，为教练团队、俱乐部管理层，甚至球员本人提供客观、量化的反馈。定量分析方法的应用范围广泛，包括但不限于球员的技术技能、比赛表现、身体素质以及心理状态的评估。

定量分析方法的优势在于其客观性和准确性。通过收集大量数据，分析人员可以识别出球员在不同比赛阶段的表现模式、技能提升的进度以及潜在的发展空间。例如，通过对球员的传球次数、成功率、抢断次数以及跑动距离等数据的收集和分析，教练团队可以精确地了解到每位球员在球场上的活动范围、技术熟练度以及比赛中的活跃度。

在进行定量分析时，首先需要设定明确的评价指标。这些指标应当涵盖球员表现的各个方面，包括技术、战术、身体和心理等。接着，需要通过比赛录像、训练记录以及专业的跟踪设备等手段，收集相应的数据。随后，利用统计软件或专业的数据分析工具，对收集到的数据进行详细的处理和分析，从而得出有关球员表现的各项统计指标。

值得一提的是，随着科技的发展，越来越多的高科技工具被应用于数据收集和分析。例如，穿戴式设备能够实时监测球员的心率、速度、加速度等生理指标，而视频分析软件则能够自动识别和记录比赛中的关键事件，如进球、助攻、犯规等。这些工具的应用大大提高了数据收集的效率和准确性，为定量分析提供了可靠的基础。

进行定量分析的另一个关键步骤是数据的解读和应用。分析得出的统计结果需要被转化为具体的训练和比赛策略。例如，如果数据显示某位球员在比赛后半段的跑动距离明显减少，这可能表明其体能储备不足，教练团队因此可能会调整该球员的体能训练计划。同样，如果统计数据显示球队在某个特定区域的传球成功率低于平均水平，教练可能会针对性地加强球员在该区域的战术训练。

定量分析方法的一个重要优点是能够提供长期的数据支持。通过持续地收集和分析数据，教练团队不仅能够评估单场比赛或某次训练的表现，还能够追踪球员的发展趋势，识别长期的进步或潜在的问题。这种长期跟踪的视角对于青少年球员的成长尤为重要，因为它有助于及时调整训练计划，以适应球员的发展需要。

然而，定量分析方法也存在一定的局限性。首先，数据的收集和分析需要专业的知识和技能，这对于一些缺乏资源的青少年足球培养机构来说可能是一个挑战。其次，虽然定量数据能够提供客观的评价标准，但它们可能无法完全捕捉到比赛中的所有细节，如球员的决策过程、场上沟通以及比赛智慧等。因此，在实际应用中，定量分析通常需要与定性分析相结合，以获得更全面的评价结果。

总之，定量分析方法在青少年足球培养模式的评价中扮演着至关重要的角色。通过科学地收集和分析数据，它能够为教练团队提供客观、准确的反馈，帮助球员及时了解自己的优势和不足，从而促进技术和战术水平的提升。在未来，随着科技的进步和数据分析工具的不断完善，定量分析方法将在青少年足球培养领域发挥更加重要的作用。

二、定性分析方法

在探讨青少年足球培养模式的评价方法中，定性分析方法占据了极其重要的地位。这类方法通常涉及深度的理解和解释，更加注重过程而不仅仅是结果。定性分析的核心在于揭示足球培养模式背后的意义、过程和动态变化，通过专家评审、访谈和观察等方式，为我们提供了一种深入洞察青少年足球培养效果的途径。

专家评审是定性分析中的一项重要方法，它依赖于一群有经验、有知识的专家对青少年足球培养模式进行系统的评价。这些专家可能是资深的教练、退役的足球运动员、体育教育学者或者是足球训练领域的研究者。他们利用自己丰富的经验和专业的知识，对培养模式中的各个方面进行深入分析，包括训练方法的科学性、教练的教学质量、运动员的技术提升和心理发展等。专家们通过集体讨论或个别咨询的形式，提出他们对培养模式有效性的看法，指出存在的问题和改进的建议。这种评价方式虽然带有一定的主观性，但是由于专家的专业性和经验性，其评价结果往往具有较高的参考价值。

访谈是另一种常用的定性分析方法，它可以是半结构化的或非结构化的。通过访谈教练员、运动员、家长以及其他相关人员，研究者能够获得关于足球培养模式的第一手信息。这种方法使研究者能够深入了解受训者的个人经历、感受和看法，揭示培养模式中的优点和不足。例如，通过运动员的访谈，可以了解他们对训练内容、方式、强度的真实感受，对教练风格和方法的个人评价，以及训练环境对他们的影响等。家长的访谈则能反映出培养模式对青少年生活的影响，以及家庭对青少年足球培养的支持和期待。访谈不仅能提供量化数据难以获取的深层次信息，还能帮助研究者构建更为全面的评价视角。

观察方法在定性分析中同样不可或缺。这包括对训练过程、比赛过程以及运动员的日常表现进行系统的观察。与专家评审和访谈不同，观察方法更加直接地反映了足球培养模式的实际运作情况。研究者可以通过参与观察或非参与观察的方式，记录运动员在训练和比赛中的表现、互动、反应以及教练的指导方式和策略。这种方法能够揭示训练环境的真实氛围，运动员的行为动态，以及教练与运动员之间的沟通和互动模式。通过长期和系统的观察，研究者能够获得对足球培养模式效果评估的重要线索和证据。

定性分析方法的应用，为青少年足球培养模式的评价提供了丰富的视角和深度的洞察。通过专家评审、访谈和观察，研究者能够从多个维度深入理解培养模式的运作机制和效果，捕捉到量化方法难以触及的细微差别和深层次意义。这些定性的信息和发现，对于优化足球培养模式、指导实践活动、提高青少年足球训练的质量和效果具有重要的价值。然而，定性分析也存在着一定的局限性，如可能的主观偏差和数据解释的复杂性。因此，在实际的研究和评价过程中，通常需要将定性分析与定量分析相结合，以达到更为全面和客观的评价效果。

三、混合方法研究

在青少年足球培养模式的评价中，混合方法研究提供了一个极为重要的视角，它能够通过结合定量和定性分析的方式，为评价提供更加全面和深入的理解。这种方法论的核心在于融合两种看似对立的研究范式，即将定量分析的严谨性和广泛性与定性分析的深度和细腻度相结合，以期达到对青少年足球培养模式评价的最大化认知。

定量分析侧重于通过数字和统计数据来测量和分析评价指标，例如，通过统计球员的比赛数据（如传球成功率、抢断次数、跑动距离等）来评估技术技能和身体能力；通过问卷调查来收集关于球员心理状态、团队合作精神等方面的量化信息。这种分析方法的优势在于其客观性和可重复性，能够提供清晰的数字证据来支持评价结论，使评价结果具有较高的可信度和普适性。

然而，定量分析往往难以深入挖掘评价对象的内在特性和复杂情感，这就是定性分析发挥作用的地方。定性分析通过访谈、观察、案例研究等方法，深入探索球员的个人经历、心理感受、比赛感悟等，从而获得关于球员成长环境、教练员教学风格、团队文化等方面的深刻见解。这种分析方法的优势在于其灵活性和针对性，能够揭示数字背后的故事，为评价提供丰富的背景信息和动态过程。

混合方法研究的挑战在于如何有效地整合定量和定性数据，确保两种数据之间的互补性和一致性。在实践中，研究者需要在研究设计初期明确混合方法研究的目的和策略，比如确定是先进行定量分析后补充定性研究，还是两者同时进行；确定如何将定性数据量化或如何用定性结果解释定量数据等。此外，研究者还需精心选择评价工具和技术，如使用统计软件处理定量数据，采用编码和主题分析技术分析定性访谈内容。

在评价青少年足球培养模式的过程中，混合方法研究能够提供更加全面的评价视角，不仅能够量化球员的表现和成长，还能深入理解球员的个人体验和培养环境的影响。通过这种方法，评价者能够获得关于培养模式有效性的综合性认识，从而为足球培养实践和政策制定提供科学、全面的依据。此外，混合方法研究还能够促进评价者对足球培养过程中存在的问题和挑战的深入思考，推动青少年足球培养模式的持续优化和创新。

四、技术辅助评价工具

在青少年足球培养模式的评价过程中，技术辅助评价工具发挥着不可或缺的作用。随着科技的进步和数据分析技术的发展，视频分析软件和数据分析平台已经成为提高评价准确性和效率的关键工具。这些技术不仅能够为教练员和评价者提供客观、详细的数据支持，还能帮助他们更深入地理解球员的表现，从而做出更科学的训练和调整决策。

视频分析软件使得教练员和评价者能够通过录像回放来详细分析球员在比赛或训练中的表现。通过这种方式，可以对球员的技术动作、位置选择、战术执行等进行仔细观察和评估。例如，教练可以使用视频分析软件来标记并回放关键时刻，如球员的得分动作、防守失误或是出色的战术配合，这对于评价球员的比赛表现和技术水平至关重要。此外，视频分析还能揭示球员的运动习惯、身体协调性以及反应速度等，这些都是书面统计数据难以全面反映的细节。

数据分析平台则提供了一个更为广泛的数据评估视角。通过收集和分析大量的比赛和训练数据，这些平台能够揭示球员的综合表现趋势、技术和战术能力的强弱点，以及身体素质的变化情况。更进一步，一些先进的数据分析工具还能够运用机器学习算法，对球员的未来表现进行预测，从而为教练制定训练计划和比赛策略提供参考。例如，通过对比赛数据的深入分析，教练员可以了解到球员在特定场合下的表现模式，识别出需要改进的技术或战术环节。

利用这些技术辅助评价工具的优势，在于它们能够提供连贯、全面的数据支持，使评价过程更加客观和准确。传统的评价方法往往依赖于教练和观察员的主观判断，而这些判断可能会受到个人偏好、观察角度和记忆力等因素的影响。相比之下，视频分析和数据分析提供了一个更为可靠的评价基础，减少了主观偏差的影响，从而确保评价结果的客观性和可信度。

然而，技术辅助评价工具的有效应用也面临着一定的挑战。首先，需要教练员和评价者具备一定的技术知识和操作技能，以确保能够正确地使用这些工具并解读分析结果。此外，高质量的视频分析和数据分析往往需要较为昂贵的软件和硬件支持，这对于一些资源有限的青少年足球培养机构来说，可能是一个不小的负担。因此，如何平衡技术应用的成本和效益，是教练员和评价者需要考虑的一个重要问题。

五、反馈与调整机制

评价的终极目的不仅是识别和测量青少年足球训练中的表现和成效，更重要的是通过这些信息指导实践，改进和优化培养模式，从而提高培养效果。在这个过程中，建立一个有效的反馈与调整机制显得尤为关键。

理解评价结果的意义是反馈与调整机制的第一步。这不仅涉及对数据的基本分析，更包括对数据背后的深层次原因和趋势的理解。例如，如果评价发现某个年龄段的青少年球员在体能指标上普遍表现不佳，那么就需要进一步分析是训练强度不足、营养支持不够还是恢复策略有问题。这种深入的分析要求评价者不仅具备足球和体育训练的专业知识，还需要掌握数据分析的技能。

反馈机制的建立需要确保信息的及时传递和准确理解。这意味着评价结果和分析报告应该以易于理解的形式呈现给相关的教练员、管理人员和运动员本人。例如，可以通过图表和简明的总结来展示关键发现，同时组织讨论会和工作坊，让所有相关方面都能参与到讨论中来，共同探讨改进方案。这种互动式的反馈过程有助于增强团队成员之间的沟通，共同识别问题和制定解决策略。

根据反馈结果进行调整的过程需要是系统的和计划性的。这不仅涉及对训练计划的修改，可能还包括对教练方法、训练设施和器材的更新，以及对运动员心理辅导和营养支持的加强。在这个过程中，制定明确的目标和计划是非常重要的，它们应该基于评价结果，并考虑到队伍的具体情况和资源限制。此外，每次调整后都需要再次进行评价，形成一个持续的循环，以确保所采取的措施能够有效地解决问题并提升培养效果。

在实施反馈与调整机制的过程中，还需要考虑到个体差异。青少年球员在成长发育、技能掌握以及心理状态上存在显著差异，这就要求评价和反馈过程要尽可能地个性化。例如，对于体能表现不佳的球员，除了调整整体的训练计划外，还需要为其设计个性化的营养和恢复方案；对于技术上存在明显短板的球员，则需要提供更多的个别指导和练习机会。

建立一个开放和包容的文化对于反馈与调整机制的成功实施至关重要。这种文化鼓励开放的交流和建设性的批评，看待评价结果作为学习和改进的机会，而不是指责和惩罚。在这样的环境中，教练员、运动员和管理人员都能够积极参与到改进过程中来，共同努力实现培养目标。

　　总之，通过建立有效的反馈与调整机制，青少年足球培养模式能够不断地根据评价结果进行优化和改进。这不仅提高了培养效果，更培养了运动员适应变化、持续学习和成长的能力，为他们未来的足球生涯乃至人生道路奠定坚实的基础。

参考文献

[1]余家红 . 国外青少年足球人才培养模式及其对我国的启示 [J]. 劳动保障世界 ,2020(20):62-63.

[2]蔡红彬 , 徐立彬 . 国外青少年足球培养模式及其对我国的启示 [J]. 洛阳师范学院学报 ,2019,38(02):48-54.

[3]金钢铁 . 青少年足球学校后备人才培养模式探究 [J]. 当代体育科技 ,2015,5 (36):131-132.

[4]白宇飞 . 探究中国青少年足球培养模式 [J]. 商 ,2015(47):282.

[5]郎健 , 王长权 , 王健等 . 构建中国学校足球人才培养模式的对策研究 [J]. 沈阳体育学院学报 ,2014,33(01):118-121.

[6]赵伟 . 日本青少年足球人才培养模式的研究 [J]. 科技视界 ,2013(31):128+152.

[7]王晓东 . 我国青少年足球运动发展的主要问题与对策研究 [J]. 河北体育学院学报 ,2013,27(04):48-52.

[8]任林峰 . 论我国青少年足球运动员的培养模式 [J]. 长沙铁道学院学报 (社会科学版),2013,14(02):266-267.

[9]孙卫 . 我国校园足球推广的体制障碍研究 [J]. 开封教育学院学报 ,2013,33 (01):96-98.

[10]杜娜 , 殷瑞 , 商文华 . 对我国青少年足球后备人才培养模式的研究 [J]. 当代体育科技 ,2012,2(20):74-75.

[11]李元 , 张生杰 . 中国青少年足球后备人才培养模式研究 [J]. 体育文化导刊 ,2012 (06):82-85+96.

[12]陈浩 , 杨一民 . 我国青少年足球学校后备人才培养模式的思考 [J]. 辽宁体育科技 ,2008(01):85-86+88.

[13]赵可伟.不同培养模式对青少年足球运动员人才发展的影响——纵向研究[C]//中国体育科学学会.第十三届全国体育科学大会论文摘要集——墙报交流(运动训练学分会)2.国家体育总局体育科学研究所,2023:3.

[14]曹思洁.中德青少年校园足球后备人才培养模式的比较研究[C]//国家体育总局体育文化发展中心,中国体育科学学会.第五届中国足球文化与校园足球发展大会论文摘要集.淮北师范大学体育学院,2021:1.

[15]刘延焕,钟林,张春根.校园足球发展模式研究[C]//"十三五"规划科研成果汇编(第六卷).江西省赣州市兴国县第五小学,2018:5.

[16]廖浪.我国青少年足球运动员海外培养模式与发展研究[D].苏州大学,2020.

[17]芦嘉琛.中日两国足球青训模式的比较研究[D].内蒙古师范大学,2018.

[18]张少净.我国青少年竞技足球与校园足球培养模式探究[D].武汉体育学院,2017.

[19]林俐.中国青少年足球培养模式研究[D].北京体育大学,2012.

[20]侯志涛.中、日、德三国青少年男子足球培养模式的比较分析[D].北京体育大学,2011.

[21]孟冠华.我国青少年足球后备人才的培养模式研究[D].河南师范大学,2011.